财务管理

金燕华 编著

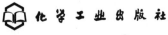

化学工业出版社

·北京·

本书以短期财务决策、财务报表分析、长期财务决策为主线，整合现有财务管理教材长期投资决策、长期融资决策和营运资本的相关内容，按照决策指标进行逻辑关联，在各部分内容组织中，作者结合多年的教学和CFO的工作经验，对相关知识点容易被忽视的内容进行了归纳和总结。以精炼的语言和思路突出财务管理的重点和难点。为读者展现以计划和决策为主体的财务管理新框架。

本书特别适用于参加注册会计师、会计专业技术资格考试的考生，既可作为各大院校会计、财务管理等专业的本科生及硕士生教材，也可作为对财务管理感兴趣的相关人士和企业财务管理者的参考书。

图书在版编目（CIP）数据

精编财务管理/金燕华编著. —北京：化学
工业出版社，2014.12（2020.4 重印）
ISBN 978-7-122-22329-6

Ⅰ.①精… Ⅱ.①金… Ⅲ.①财务管理
Ⅳ.①F275

中国版本图书馆 CIP 数据核字（2014）第 268625 号

责任编辑：赵玉清　　　　　　　文字编辑：魏　魏
责任校对：徐贞珍　　　　　　　装帧设计：关　飞

出版发行：化学工业出版社
　　　　　（北京市东城区青年湖南街 13 号　邮政编码 100011）
印　　装：北京科印技术咨询服务公司顺义区数码印刷分部
850mm×1168mm　1/32　印张 5¾　字数 141 千字
2020 年 4 月北京第 1 版第 2 次印刷

购书咨询：010-64518888　　　　　售后服务：010-64518899
网　　址：http://www.cip.com.cn
凡购买本书，如有缺损质量问题，本社销售中心负责调换。

定　　价：39.50 元

前　言

　　自 1994 年开始从事全国会计专业技术资格考试的辅导工作以来，财务管理一直是教学的重点课程。1999 年至今，在北京市注册会计师协会辅导注册会计师全国统一考试过程中，一直面对考生提出的考试内容多、难度大等问题。在教学过程中，我一直在尝试改变相关内容知识点分布，试图按照一条比较清晰的知识线来组织相关的教案。本书或许是这方面尝试的开始。

　　大多数财务管理的教材，按照财务管理的投资、筹资、营运资本管理等内容组织相关章节，50 万字左右的并不少见。财务管理毕竟是管理活动的一种，本书试图按照财务管理的职能来组织相关章节的内容，以财务决策为主线，将主体内容分为短期财务决策和长期财务决策两部分。前者涉及本量利、杠杆原理、每股收益、营运资本投资等内容，以息税前利润为主线进行相关内容的整理；后者以现金流量为主线，包括货币时间价值及风险、股票与债券、资本预算和企业价值评估等内容。在具体考虑教材布局时，可能面临相关内容的取舍问题，例如每股收益无差别点是资本结构决策常用的方法，应该属于长期财务决策的范畴，为了保持知识点的连贯，被编入每股收益的内容。预算是财务计划的基本内容，考虑到篇幅问题，本书没有涉及。只是将与长期财务决策相关的财务报表分析、财务预测、长期财务计划等内容进行了简要阐述。

本书力求简明，以较少的篇幅将财务管理中的基本内容、基本方法和基本思路展现给读者。书中部分内容是我近 20 年教学的心得，部分例题改编于历年 CPA 考试真题。由于水平有限，疏漏之处难免，敬请广大读者不吝指正。

感谢化学工业出版社对本书的大力支持。北京京粮股份有限公司关颖为本书的写作提供了许多宝贵意见。北京化工大学硕士研究生焦海婷、乔俊杰帮助收集和整理了部分资料。在此一并表示诚挚的谢意。衷心希望本书成为读者学习财务管理的好帮手。

金燕华

2014 年 10 月

目 录

第一章

财务管理概论

　　财务管理是一定组织中的管理者，通过计划、组织、领导和控制来协调财务活动，带领人们既有效果又有效率地实现组织目标的过程。任何组织都需要财务管理，但是营利组织与非营利组织的财务管理有较大区别。本教材讨论的是营利组织的财务管理，由于绝大部分的商业资金是由公司制企业控制的，本教材讨论的是公司制企业财务管理。企业财务活动围绕着资金的筹措与运用展开，具体包括企业内部的长期投资决策、长期筹资决策和营运资金管理等方面。财务管理是由财务计划、财务决策和财务控制等一系列相互关联、连续进行的活动所构成，这些活动构成了财务管理的职能。

财务管理的目标

财务管理目标是企业财务活动要达到的结果，为评价各项财务活动提供了的标准。明确的财务目标能够为财务管理工作指明方向。财务管理目标不仅是财务计划工作的终点，也是财务决策和财务控制等活动所要达到的结果。企业要向社会提供具有某种功能的产品或劳务，并因此获取销售收入和利润，以完成其使命。企业需要通过完成一定的财务目标来实现其使命。

财务目标具有层次性、网络化、多元化和整体性等基本特性。首先，财务目标是分层次的。企业中的管理者有高层、中层和基层之分，因此各层次管理者的财务目标也会有所不同：高层管理者的财务目标往往是企业的整体财务目标，中层管理者的财务目标往往比较具体；下一层次财务目标往往是保证上一层次财务目标得以实现的手段。其次，企业的财务目标往往表现为彼此依存的网络体系。不同部门的财务目标有时会发生冲突。例如，某企业销售部门的财务目标是获得较快的收入增长，为了实现部门目标，可能会采取各种信用政策，产生较大数额的应收账款；而企业资金管理部门的财务目标是保持一定的流动性，提高资金的使用效率。因此高层管理者要通过协调各种财务目标，保障整体财务目标的实现。由于企业是由多个利益相关者共同构成的关系集合。因此，为了满足不同的利益相关者的需求，企业可能同时追求多种多样的财务目标，导致财务目标的多元化。财务目标有长期与短期之分，整体与具体之分。长期与短期财务目标、整体与具体财务目标必须形成一个相互协调的整体。

一、财务管理目标概述

从根本上说，财务管理的目标必须与企业的宗旨或使命协调一致。盈利是企业最基本的目标。除此之外还有改善员工待遇、扩大市场份额、提高产品质量、减少环境污染等多项目标，企业往往通过一系列合同条款的安排来平衡各目标。股东是企业风险的最大承担者，在经营决策方面比其他利益相关者有更大的表决权。在通过合同满足其他利益相关者的基础上，企业往往会最大限度满足股东的利益。企业财务管理目标的以下观点，大多从股东角度出发。

1. 利润最大化

由于会计利润数据的容易取得等原因，人们习惯将利润最大化作为企业财务管理目标。认为利润代表了企业新创造的财富，企业的财富增加得越多，越接近企业的目标。甚至有些人认为利润最大化就等同于企业价值最大化。

以利润最大化作为企业财务管理目标有一定的片面性：会计利润能否真正反映企业创造的价值？会计利润只是一个产出结果指标，没有考虑所获利润和投入资本额的关系；利润没有考虑取得的时间以及获取利润和所承担风险的关系。现代财务管理理论往往不把利润最大化作为财务管理的最优目标。

每股收益最大化是利润最大化的另一种表达形式。该观点认为：应当把企业的利润和股东投入的资本联系起来考察，以每股收益最大化作为企业财务管理的目标。除了反映所获利润和投入资本额的关系外，利润最大化的其他缺陷与每股收益最大化基本相同。假设风险相同、时间相同，每股收益最大化也可作为衡量公司业绩的一个重要指标。实际工作中，许多投资者都把每股收益作为评价公司业绩的重要指标之一。

2. 股东财富最大化

这种观点认为：增加股东财富是财务管理的目标。

股东创办企业的目的是增加财富。如果企业不能为股东创造价值，他们就不会为企业出资了。没有了权益资金，企业也就很难生存。因此，企业要为股东创造价值。

股东财富可以用股东权益的市场价值来衡量。股东财富的增加可以用"权益的市场增加值"来衡量。权益的市场增加值是企业为股东创造的价值。其计算公式如下：

权益的市场增加值＝股东权益的市场价值－股东投资资本

假设股东投资资本不变，股价最大化与股东财富最大化具有同等意义。在该假设下，股价上升或下跌可以反映股东财富的增加或减损。股价的升降，代表了投资大众对公司股权价值的客观评价。在股票数量一定时，以每股价格最大，股东财富最大化。每股价格，反映了资本和获利之间的关系；反映了每股盈余大小和取得的时间；反映了每股盈余的风险。

3. 企业价值最大化

有时财务目标还被表述为企业价值最大化。企业价值是股东权益和债权人权益的市场价值，或者说是企业所能创造的预计未来现金流量的现值。企业价值的增加，是由于权益价值增加和债务价值增加引起的。假设债务价值不变，则增加企业价值与增加权益价值具有相同意义。假设股东投资资本和债务价值不变，企业价值最大化与增加股东财富具有相同的意义。

二、利益冲突与协调

1. 股东与经营者

股东为企业提供财务资源，委托经营者代表他们管理企业，经营者受托在企业直接从事管理工作。股东的目标是使股东财富最大化，经营者往往出于自身利益的考虑，与股东的目标并不完全一致。经营者在创造财富的同时，追求增加报酬、希望增加闲暇时间、尽量避免各种风险。经营者有可能为了自身的目标而背离股东的利益。

为了防止经营者背离股东目标，股东往往采用监督与激励的方式。在经营者背离股东目标时，减少其各种形式的报酬，甚至解雇他们。有时采用激励计划，使经营者分享企业增加的财富，鼓励他们采取符合股东利益最大化的行动。股东要力求找出能使监督成本、激励成本和偏离股东目标的损失等三项之和最小的最佳的解决办法。

2. 股东与债权人

债权人把资金借给企业，其目标是到期时收回本金，并获得约定的利息收入；公司借款的目的是用它扩大经营，投入有风险的生产经营项目，两者的目标并不一致。

股东可以通过经营者为了自身利益而伤害债权人的利益，通常股东不经债权人的同意，投资于比债权人预期风险更高的新项目；或者股东为了提高公司的利润，不征得债权人的同意而指使管理当局发行新债，致使旧债券的价值下降，使旧债权人蒙受损失。

债权人为了防止其利益被伤害，除了寻求立法保护外，通常采取的措施包括：在借款合同中加入限制性条款，如规定资金的用途、规定不得发行新债或限制发行新债的数额等；或者发现公司有损害其债权意图时，拒绝进一步合作，不再提供新的借款或提前收回借款。

3. 企业与其他利益相关者

对企业现金流量有潜在索偿权的其他利益相关者可以分为两种：一种是合同利益相关者，包括主要客户、供应商和员工。他们和企业之间由于存在法律关系，受到合同的约束，因此，往往通过立法调节他们之间的关系；另一种是非合同利益相关者，包括一般消费者、社区居民以及其他与企业有间接利益关系的群体。他们享受到的法律保护低于合同利益相关者。公司的社会责任政策对非合同利益相关者影响很大。

第二节　财务管理的内容与职能

一、财务管理的内容

企业的基本活动是从资本市场上筹集资金，投资于生产性经营资产，并运用这些资产进行生产营运活动，取得利润后用于补充权益资本或者分配给股东。因此，企业的基本活动可以分为投资、筹资和营运活动三个方面。

由于企业财务管理主要与投资和筹资有关，而无论是目标还是具体的内容上来看，长期投资与短期投资、长期筹资与短期筹资，有明显的不同；短期投资和短期筹资，属于日常营运活动，通常合称为营运资本管理。由于股利分配决策也是内部筹资决策，可以视为长期筹资的一部分。因此，把财务管理的内容分为长期投资、长期筹资和营运资本管理等三部分。

长期投资，是指企业作为投资主体对经营性固定资产的投资，目的是获取生产经营活动所需的实物资源。企业对流动资产的投资属于营运资本管理的内容。由于长期投资的时间较长，往往使用现金流量折现模型进行相关决策，其核心内容是现金流量的规模、时间和风险等问题。实务中将长期投资现金流量的计划和管理过程称为资本预算。

长期筹资，是指企业作为筹资主体在资本市场或企业内部筹集长期资金，满足企业长期资本（权益资本和长期负债）的需要。涉及资本结构、债务结构和股利分配等相关内容。

营运资本是指流动资产与流动负债的差额。营运资本管理分为营运资本投资和营运资本筹资两部分。如何制定和执行合理的相关政策，以有效地运用流动资产，加速流动资产的周转；以及选择合理的筹资方式降低营运资本的资本成本是营运资本管理的核心内容。

这三部分内容是相互联系、相互制约的，它们都是企业价值创造活动的必要环节，其最终目标都是为了实现企业财务管理目标。长期筹资是基础，长期筹资金额制约了企业长期投资的规模；长期投资是核心内容，长期投资不仅决定了长期筹资的时间与规模，而且在一定程度也决定了企业日常营运活动的特点，而企业日常营运活动的具体内容影响了长期投资和长期筹资的最终结果。

二、财务管理的职能

财务管理的职能是管理者在财务管理过程中所从事的活动或发挥的作用。从职能的角度出发，可以将财务管理活动视为由财务计划、财务决策、财务组织、财务控制等职能所构成的一个过程。

1. 财务决策

著名的管理学家西蒙曾说："管理就是决策"，可见决策在管理中的重要性。财务决策是财务管理最主要的职能。财务计划和财务控制都可视为财务决策的执行过程，财务组织是从组织架构和职责划分等方面保障财务决策的执行。财务决策是指为了解决财务问题或实现财务目标，从若干个备选方案中进行抉择的分析、判断的过程。从财务管理的内容来看，包括长期投资、长期筹资和营运资本管理等方面的决策。包括财务问题识别、财务方案的拟订、财务方案的选择、实施并评估财务方案等几个阶段。

对财务方案的选择和评估往往会涉及与决策目标相关的标准选择问题。一般来说，营运资本管理由于涉及短期财务决策，往往会以息税前利润（EBIT）为基础指标，根据不同的决策内容以每股收益（EPS）、税前损益等指标作为决策标准。而长期财务决策往往以现金流量净额为基础，同时考虑货币时间价值和风险，以现值为基础指标。

财务决策中往往要考虑机会成本。机会成本是指采用一个方案而放弃另一个方案时，被放弃方案丧失的收益。短期决策的机会成本一般是相关项目占用资金的应计利息，如应收账款和存货占用资金的应计利息。而长期财务决策中往往要考虑相关方案实施所丧失的税后现金流量。如更新项目的继续使用旧设备方案要考虑没有出售旧设备失去的旧设备变现价值及旧设备变现净损失减税。

在具体的决策中往往采用净增效益原则。净增效益原则，是指财务决策建立在净增效益的基础上，一项决策的价值取决于它和替代方案相比所增加的净收益。如果一个方案的净收益大于替代方案，就可认为它是一个比替代方案好的决策，其价值是增加的净收益。

在短期财务决策中只考虑相关总成本的差异。对于已经发生、不会被以后的决策改变的沉没成本，由于与将要采纳的决策无关，因此在分析决策方案时应将其排除。短期财务决策中常采用差额分析法，具体分析备选方案时只分析它们有区别的部分，而省略其相同的部分。

在长期财务决策中净收益通常用现金流量计量，一个方案的净收益是指该方案相关的现金流入减去现金流出的差额，即现金流量净额。其中，现金流入是指该方案引起的现金流入量的增加额；现金流出是指该方案引起的现金流出量的增加额。现金流量净额依存于特定方案。

2. 财务计划

财务计划旨在明确所追求的财务目标以及相应的行动方案的活动。财务计划就是预先决定做什么、如何去做、何时何地去做和由谁来做。广义的财务计划包括财务目标、财务战略和预算。由于预算是用货币来表示预期结果的一种计划，是计划工作的终点，也是控制工作的起点，它把财务计划和控制联系起来。

按照涉及时间的长短，可以将财务计划分为长期计划和短期计划。长期财务计划是指一年以上的计划，通常企业制定为期5年的长期计划，长期财务计划与长期投资与长期筹资有关。短期财务计划是指一年一度的日常财务计划。

由于财务计划是面对未来的事先安排，而未来存在很大的不确定性，为了充分考虑未来不确定性因素的发生、发展和变化，就必须进行财务预测，财务预测往往建立在对企业财务报告等资料进行专门、系统分析的基础上，因此财务分析时财务预测的基础。

3. 财务控制

财务控制，是指为了确保企业的财务目标以及拟订的财务计划能够得以顺利实现，各级管理人员根据事先确定的标准对于财务计划的进展情况进行测量和评价，并在出现偏差时及时进行纠正的过程。

财务控制和财务计划有密切联系，财务计划是控制的重要依据，控制是执行预算的手段，它们组成了企业财务管理循环。财务控制是执行财务决策和财务计划的过程，包括对比财务计划与执行的信息、评价下级的财务业绩、纠正偏差等。

4. 财务组织

财务组织职能是通过建立、维护并不断改进与财务相关的组织结构，以实现有效的分工、合作的过程。财务组织涉及企业财务管理模式的选择、集权与分权的选择、财务组织结构的设计、财务部门的划分等内容。核心问题是财务管理职责的合理配置。

第二章

短期财务决策（一）

从决策的内容来看，短期财务决策涉及：本-量-利分析、营运资本投资、营运资本筹资和股利分配等。基本逻辑思路是：依据成本性态将成本（费用）分为变动成本和固定成本，以权责发生制基础的利润衍生的息税前利润为逻辑起点；考虑了方案比较中的机会成本等决策相关成本，以税前损益或相关总成本、每股收益（EPS）、经营杠杆、财务杠杆总杠杆等指标为主要决策评价标准。具体分为绝对值和相对值两类标准。本章以本-量-利分析为切入点，介绍杠杆原理在财务管理中的运用、每股收益计算及分析等内容。

本-量-利分析

本-量-利分析是短期财务决策的基础内容，是短期经营决策、营运资本投资、杠杆原理、财务分析中每股收益计算、长期决策中现金流量计算等相关内容的基础。成本性态和 EBIT 的计算是在会计的损益方程式的计算基础上，进一步细化损益的内容，成本性态分析为盈亏临界分析、敏感分析和变动成本的计算奠定了基础。

一、成本性态分析

成本性态，是指成本与业务量（产销量或作业）之间的依存关系。成本性态分析，是对成本与业务量间的依存关系进行分析，把握成本总额与业务量的变化规律，为管理人员基于特定业务量进行成本、利润预测提供有价值的信息。

依据成本性态，在相关范围内，可以把成本分解为：固定成本、变动成本和混合成本三类。其中：①固定成本，是指在相关范围（使得固定成本保持稳定性的特定业务量范围）内不受业务量变动影响，一定期间的总额能保持相对稳定的成本；②变动成本，是在相关范围内其总额随业务量变动而正比例（比例系数即单位业务量的变动成本，简称单位变动成本）变动的成本；③混合成本，指除固定成本和变动成本之外的介于两者之间的成本，其因业务量变动而变动，但不是成正比例关系。

在成本性态分析中要注意：①以相关范围为前提条件，在相关范围内，固定成本总额和单位变动成本不变，变动成本和业务量之间存在线性关系；当业务量突破某个相关范围时，固定成本总额和单位变动成本的稳定性可能发生变化；②针对一定期间而言，并不意味着各期某项固定成本和单位变动成本的发生额都完全一样；

③是针对成本总额而言的，单位产品分摊的固定成本随业务量的增加而减少；在相关范围内产量增加时，总成本的增量是由于变动成本增加引起的，变动成本是产品生产的增量成本。

在实际工作中，企业发生大量的混合成本项目。对于混合成本可以运用一定的方法来估计成本与业务量之间的关系，建立相应的成本函数模型，确定固定成本和变动成本的估计值。估计成本与业务量的方法有多种，如账户分析法、工业工程法、散点图、高低点法、一元线性回归（回归直线法）、多元线性回归、相关分析、学习曲线等。这些估计方法，有些相对简单，有些则比较复杂。有些企业通常由成本分析师根据工作经验和判断，综合多种成本估计方法的估计结果，选择适合某项目的成本性态模型。由于现实生活中成本受多种因素影响，而成本性态分析本身就建立在相关范围的前提下，因此，成本分析往往会涉及如何依据成本效益原则权衡各种成本估算方法，以满足成本管理的需求。由于总成本是由各种性态的成本组合而成，因此成本估计不仅包括混合成本的估计，还包括总成本的估计。通过成本估计，我们可以把成本分解为固定成本和变动成本两部分。

在此比较一下高低点法与一元线性回归这两种常用的成本估算方法。这两种方法都基于历史资料来分析成本（Y）与业务量（X）的关系。假设成本函数模型为 $Y=a+bX$，只要确定了固定成本的估计值 a 和单位变动成本的估计值 b，即可容易估算相关范围内业务量 X 所对应的总成本 Y。

（1）高低点法，是利用一定期间相关范围内历史数据中业务量的最高点 X_1 和最低点 X_2 及对应的成本 Y_1 和 Y_2 来估算 a 和 b，以估计成本 Y 与业务量 X 的关系。由于假定高低点的数据都符合成本模型 $Y=a+bX$，所以通过解方程组：

$$\begin{cases} Y_1=a+bX_1 \\ Y_2=a+bX_2 \end{cases}$$

得出：

$$b = \frac{Y_1 - Y_2}{X_1 - X_2}$$

$$a = Y_1 - bX_1$$

$$或 = Y_2 - bX_2$$

（2）一元线性回归，运用普通最小二乘估计，根据一定期间相关范围内一系列成本和业务量的历史数据（n 个样本数据）的总体特征，估算 a 和 b，以估计成本 Y 与业务量 X 的关系。由于假定一系列数据的总体符合成本模型 $Y = a + bX$、$XY = aX + BX^2$，所以通过解方程组：

$$\begin{cases} \sum Y_i = na + b \sum X_i \\ \sum X_i Y_i = a \sum X_i + b \sum X_i^2 \end{cases}$$

得出：

$$a = \frac{\sum X_i^2 \sum Y_i - \sum X_i \sum X_i Y_i}{n \sum X_i^2 - (\sum X_i)^2}$$

$$b = \frac{n \sum X_i Y_i - \sum X_i \sum Y_i}{n \sum X_i^2 - (\sum X_i)^2}$$

二、成本、业务量和利润的关系

企业内部经营决策往往以业务量为出发点，以利润为目标。利润为收入与成本（费用）之差，收入主要由销售单价和业务量决定，基于成本性态的成本由固定成本和变动成本组成，其中的变动成本主要取决于单位变动成本和业务量。本-量-利分析，是在成本性态的基础上，通过找到成本、业务量和利润之间的关系，为企业的各种短期经营决策、预测和成本控制提供有用的财务信息。

本-量-利分析，以成本性态分析为基础（假定成本可以分解为固定成本和变动成本两部分）；以销售收入与业务量保持完全线性关系、产量和销量相等、产销结构稳定为前提。

依据本-量-利分析，可以把损益方程式扩展为：

$$EBIT = p \times Q - (F + v \times Q)$$
$$= (p - v) \times Q - F$$
$$= (1 - v/p)(p \times Q) - F$$
$$= (p - v)/p \times (p \times Q) - F$$

式中，$EBIT$ 为息税前（经营）利润；p 为销售单价；v 为单位变动成本；Q 为业务量（销售量）；F 为固定成本总额；$p \times Q$ 为销售收入（$p - v$）为单位边际贡献；$(p - v) \times Q$ 为边际贡献；v/p 为变动成本率；$(1 - v/p)$ 或 $(p - v)/p$ 为边际贡献率。

显然变动成本率和边际贡献率之和为 1。

运用本-量-利分析时，需要注意以下几方面问题。

（1）本-量-利分析中的利润是息税前利润（$EBIT$），因此在 $EBIT$ 计算过程中，只涉及经营性成本（实质上变动成本是经营性变动成本，固定成本是经营性固定成本），不包括利息费用和所得税费用。往往会省略营业外收支、营业税金及附加、资产减值损失、投资收益等项目；

（2）方程式含有相互联系的 5 个基本变量：$EBIT$、p、v、Q、F，给定其中 4 个变量值，就能够求出另一个变量的值；

（3）在实际工作中 F 应该统计各组成项目的总额，而 v 要统计每单位各组成项目的金额。如果企业只生产一种产品，损益方程式既可用销售量（Q）来表示，还可用销售额（$p \times Q$）来表示；如果生产多品种，常见用销售额来表示，此时涉及加权平均边际贡献率的计算，其公式为：

$$加权平均边际贡献率 = \frac{\sum 各产品边际贡献}{\sum 各产品销售收入} \times 100\%$$
$$= \sum（各产品边际贡献率 \times$$
$$各产品销售占总销售比重）$$

（4）注意区分生产环节的制造边际贡献（或生产边际贡献）、

产品变动成本与销售环节的产品边际贡献（总营业边际贡献）、相关变动成本的区别。制造边际贡献是销售收入与产品变动成本之差；产品边际贡献是销售收入与全部变动成本（包括变动产品成本、变动销售费用和变动管理费用等变动成本）之差；通常边际贡献是指产品边际贡献。

三、盈亏临界分析

盈亏临界分析，也保本分析或损益平衡分析，涉及如何确定盈亏临界点、有关因素变动对盈亏临界点的影响等问题。为企业提供一旦超过何种业务量情况下企业将盈利，或者一旦低于何种业务量下会出现亏损等决策相关信息。

盈亏临界，是指 $EBIT=0$ 的状态。在盈亏临界点，销售收入和成本相等；边际贡献等于固定成本，即企业处于既不盈利又不亏损的状态。设定 $EBIT=0$，比较容易利用损益方程式计算出盈亏临界点的业务量 Q_{BE}（或销售额 $p \times Q_{BE}$，下同）

$$Q_{BE}=F/(p-v)$$
$$p \times Q_{BE}= F/(1-v/p)$$

通过盈亏临界点的业务量，比较容易判断企业现有业务量水平是否处于盈利状态。也可以进一步计算出盈亏临界点作业率和安全边际率，或安全边际来分析企业盈亏临界状态下生产经营能力的利用程度和正常经营情况下业务量的安全程度。

（1）盈亏临界点作业率，是指企业盈亏临界点业务量占正常业务量（指正常市场和正常开工情况下业务量）的比重，表明保本状态下的生产经营能力的利用程度。

（2）安全边际率，是安全边际与正常业务量的比值。安全边际率越高表示企业生产经营越安全。

（3）安全边际，是指正常业务量超过盈亏临界点业务量的差额，它表明业务量下降多少（或固定成本上升多少）时企业仍不致亏损，即业务量下降（或固定成本上升）的最大极限。这几个指标的相互关系可以用图 2-1 来表示。

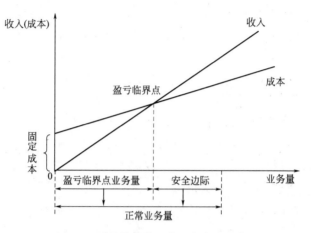

图 2-1　盈亏临界作业率和安全边际率

从图 2-1 可以发现如下问题。

（1）正常业务量（或销售额，下同）可以分为盈亏临界点业务量和安全边际两部分，两者占正常业务量的比重即为盈亏临界点作业率和安全边际率，显然

　　　　　盈亏临界点作业率＋安全边际率＝1

（2）安全边际率反映了正常业务量下降（如安全边际率＜0，则增长，下同）多大幅度时，达到盈亏临界点业务量。一旦正常业务量下降幅度超过安全边际率时，企业将从盈利再转为亏损，盈亏临界点是盈利转为亏损的转折点。安全边际率越高，表明正常业务量的下降弹性越大，企业的经营越安全。

（3）安全边际反映了正常业务量超过盈亏临界点业务量的数量（或金额），其数额越大，表明企业的经营越安全；由于还要扣除其自身的变动成本，以金额表示的安全边际不等于 $EBIT$，则

　　　　　$EBIT＝安全边际×边际贡献率$

或者 销售息税前利润率＝安全边际率×边际贡献率

（4）如果安全边际率或安全边际小于 0，说明正常业务量小于盈亏平衡点业务量，企业处于亏损状态。

【例题 2-1】 某公司下一年度部分预算资料如下表。

单位：元

预算资料	总成本	单位成本
直接材料	140,000	1.75
直接人工	340,000	4.25
变动制造费用	80,000	1.00
固定制造费用	700,000	8.75
销售费用（全部为变动费用）	240,000	3.00
管理费用（全部为固定费用）	300,000	3.75
合计	1,800,000	22.50

该公司产销平衡，适用的企业所得税税率为 25%。

（1）如果下一年产品单价定为 18 元，盈亏平衡点的销售量的计算过程如下：

$$v=1.75+4.25+1+3=10(元/件)$$
$$F=700,000+300,000=1,000,000(元)$$

下一年产品售价定为 20 元，基本损益方程式为：

$$EBIT=(20-10)\times Q-1,000,000=0$$
$$Q_{BE}=1,000,000/(18-10)=125,000(件)$$

盈亏临界点的产品销售量为 125,000 件。

（2）如果下一年销售 100,000 件产品，企业要求销售净利率（息前税后）为 15%，那么企业产品销售单价和安全边际率计算过程如下：

损益方程式：$EBIT = (p-10) \times 100,000 - 1,000,000$

销售净利率（息前税后）为15％。

销售息税前利润率＝15％/(1-25％)＝20％

$EBIT = (p-10) \times 100,000 - 1,000,000 = p \times 100,000 \times 20\%$

解得：

$$p = 25 （元）$$

边际贡献率＝(25-10)/25×100％＝60％

销售息税前利润率＝安全边际率×60％＝20％

安全边际率＝20％/60％＝33.33％

第二节　杠杆原理

古希腊科学家阿基米德在《论平面图形的平衡》一书中提出了杠杆原理（图2-2），即二重物平衡时，它们离支点的距离与重量成反比。物理中的杠杆原理，也称杠杆平衡条件，要使杠杆平衡，作用在杠杆上的两个力矩（力与力臂的乘积）大小必须相等。即：动力×动力臂＝阻力×阻力臂。从上式可看出，欲使杠杆达到平衡，如果动力臂是阻力臂的几倍，动力就是阻力的几分之一；如果动力臂与阻力臂相等，动力与阻力相等。

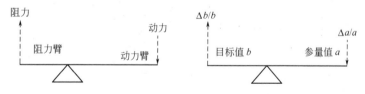

图2-2　杠杆原理图

财务管理中，将参数或结果的基准值（参量值 a 或目标值 b）作为力臂，将参数（参量值）或目标值的变动率（$\Delta a/a$ 或 $\Delta b/b$）

作为力，依据杠杆原理，则：$\Delta a/a \times a = \Delta b/b \times b$，通过杠杆系数来衡量参数变动对目标值变动的影响程度。

$$杠杆系数 = a/b \qquad （静态计算）$$

$$杠杆系数 = \frac{\Delta b/b}{\Delta a/a} \qquad （动态计算）$$

可见如果参量值与目标值不相等，目标值变动率是参量值的杠杆系数倍。杆杆原理在财务管理中的运用非常广泛，如利润敏感性分析、投资项目敏感性分析、经营杠杆、财务杠杆、总杠杆等方面。

一、利润敏感性分析

由于企业外部市场变化和企业的技术进步，导致原材料和产品价格、供需数量经常波动，产品成本等经常发生变化，使得单一水平静态盈亏平衡分析提供的信息质量可靠性下降。管理层需要掌握各参数变化对利润的具体影响程度，以做出相应的对策。在假定其他因素不变的情况下，测算和分析单个或多个参数发生变化时对分析结果的影响和程度，往往借助于杠杆原理进行敏感性分析。在本-量-利分析中，敏感性分析重点关注个参数变化对利润的影响程度，也称为利润的敏感性分析，主要用于分析各参数（p、v、Q、F）等一个或多个因素发生变化时，对 $EBIT$ 的影响程度；各参数发生多大变化会使得企业由盈利转为亏损；以及目标利润发生变化时，各参数允许变化的幅度等。涉及敏感系数的计算、盈亏转折分析（最大最小法）、敏感分析表或敏感分析图等内容。

在利润敏感性分析中，杠杆系数称为敏感系数，反映各参数变动时对结果影响程度。敏感系数的计算是利润敏感性分析最核心内容。敏感系数为正值，表明它与利润为同向增减变动，数值越大越敏感；敏感系数为负值，表明它与利润为反向增减变动，绝对值越大越敏感。依据杠杆系数的计算原理，特将相关参数、参量值、目标值等列于表 2-1。

表 2-1　敏感系数计算表

参数	参量值 a	目标值 b	$\Delta b/b$	$\Delta a/a$
单价	$P \times Q$	$EBIT$	$\Delta EBIT/EBIT$	$\Delta P/P$
单位变动成本	$-V \times Q$	$EBIT$	$\Delta EBIT/EBIT$	$\Delta V/V$
业务量	$(P-V)Q$	$EBIT$	$\Delta EBIT/EBIT$	$\Delta Q/Q$
固定成本	$-F$	$EBIT$	$\Delta EBIT/EBIT$	$\Delta F/F$

计算和运用敏感分析时需要注意以下几方面。

（1）静态计算公式比动态计算公式更便捷。国内大部分教材往往通过动态计算公式来计算敏感系数（敏感系数＝目标值变动率/参量值变动率），需要先假设参量值变动率，然后计算目标值变动后的数值以及目标值的变动率，最后再计算敏感系数，相对复杂一些；而静态计算公式通过参量值与目标值之比（a/b）计算敏感系数，注意静态计算公式中相关参数应该采用基期数据。

例如某企业只生产销售一种产品，单价 50 元，边际贡献率 40%，每年固定成本 300 万元，预计来年产销量 20 万件，则 $EBIT=50 \times 20 \times 40\% - 300 = 100$（万元），按照静态计算公式，单价的敏感系数＝$(50 \times 20)/100 = 10$；如果按照动态计算公式，先假设单价上升 10%，变动后的 $EBIT = [50(1+10\%) - 50 \times (1-40\%)] \times 20 - 300 = 200$（万元），因此，利润的变动率＝$(200-100)/100 = 100\%$；敏感系数＝$100\%/10\% = 10$。

（2）由于敏感系数＝目标值变动率/参量值变动率，因此可先计算出相关参数的敏感系数，通过确定参量值的变动率，预测目标值的变动率及变动后的值；或者通过目标值的变动率预测参量值的变动率及变化后的值，并可将各种变化情况列于敏感分析表或敏感分析图中。

（3）盈亏转折分析（最大最小法），提供能引起目标发生质变的各参数变化的界限。国内大部分教材是利用"利润等于零"，借助盈亏临界分析来计算某参数最大值或最小值。事实上，可以通过计算出敏感系数，基于"盈亏转折即目标值变动率＝－100％"，直接计算参数最大值或最小值。

（4）一般情况下，单价的敏感系数会高于单位变动成本和销售量的敏感系数，在 $EBIT > 0$ 的情况下，单价和业务量的敏感系数为正值的，表明它们与利润为同向增减；单位变动成本和固定成本的敏感系数为负值的，表明它与利润为反向增减；敏感系数绝对值越大的参数越敏感。

【例题 2-2】 某公司只生产一种产品，产品单价 40 元，单位变动成本 24 元，预计明年固定成本 800,000 元，产销量计划达100,000 件。

（1）各参数敏感系数的计算过程如下。

$$EBIT = 100,000 \times (40 - 24) - 800,000 = 800,000(元)$$

利用静态计算公式，各参数的敏感系数为：

$$单价的敏感系数 = \frac{100,000 \times 40}{800,000} = 5$$

$$单位变动成本的敏感系数 = \frac{-24 \times 100,000}{800,000} = -3$$

$$固定成本的敏感系数 = \frac{-800,000}{800,000} = -1$$

$$业务量的敏感系数 = \frac{(40 - 24) \times 100,000}{800,000} = 2$$

本例中，影响利润的诸因素中敏感程度的大小排序是：单价（敏感系数为 5）、单位变动成本（敏感系数为 -3）、业务量（敏感系数为2）、固定成本（敏感系数为 -1）。单价对利润的影响最大，涨价是提高盈利的最有效手段，价格下跌也将是企业的最大威胁。根据敏感系数看到，每降价 1％，企业将失去 5％的利润，必须格外予以关注。

（2）盈亏转折意味着目标值的百分比为 -100％，利用各参数的敏感系数，可以计算盈亏转折点各参数的最大值或最小值（即：

各参数发生多大变化时使盈利转为亏损）。

$$单价的敏感系数=\frac{-100\%}{单价变动百分比}=5$$

单价变动率＝$(-100\%)/5=-20\%$

单价的最小值＝$40\times(1-20\%)=32(元)$

同理，单位变动成本的敏感系数为-3。

单位变动成本变动率＝$(-100\%)/(-3)=33\%$

单位变动成本的最大值＝$24\times(1+33\%)=32(元)$

业务量的敏感系数为2。

业务量变动率＝$(-100\%)/2=-50\%$

业务量的最小值＝$100,000\times(1-50\%)=50,000(件)$

固定成本的敏感系数为-1。

固定成本变动率＝$(-100\%)/(-1)=100\%$

固定成本的最大值＝$800,000\times(1+100\%)=1,600,000(元)$

（3）以10%为间隔，各因素在$\pm20\%$范围内的敏感分析如表2-2所示。

表2-2　单因素变动敏感分析表

利润/万元 　 项目（敏感系数）	变动率				
	-20%	-10%	0	$+10\%$	$+20\%$
单价（敏感系数为5）	0	40	80	120	160
单位变动成本（敏感系数为-3）	128	104	80	56	32
业务量（敏感系数为2）	48	64	80	96	112
固定成本（敏感系数为-1）	96	88	80	72	64

注：本表中，变动率为0列各行利润数表示各参数变化前的利润，利用敏感系数可以便捷计算各参数变动率对应的利润值。例如单价变化-20%，由于单价的敏感系数为5，可以推出$EBIT$的变动率为$-20\%\times5=-100\%$，变化后的利润＝$80\times(1-100\%)=0$。

二、经营杠杆与财务杠杆

经营杠杆、财务杠杆和总杠杆体现了杠杆原理在企业筹资决策中的运用。在现代企业制度下，企业组织一般分为 3 个基本利益阶层：作业层、管理层和投资者或普通股股东，由于所处的财务视角不同因此对经营成果（权责发生制的绝对值）有不同的衡量标准：边际贡献（CM）、息税前利润（EBIT）、每股收益（EPS）。每股收益是指普通股股东每持有一股普通股所能享有的企业净收益或需承担的企业净亏损。计算每股收益时往往只考虑当期实际流通在外的普通股股份，按照可以分配给普通股股东的净收益与流通在外普通股加权平均股数的比率计算确定。各阶层对经营成果的衡量标准计算公式如下。

$$CM = (p - v) \times Q$$
$$EBIT = (p - v) \times Q - F = CM - F$$
$$EPS = [(EBIT - I)(1 - T) - PD]/N$$

式中，I 为债务利息；PD 为优先股股利；T 为所得税税率；N 为流通在外普通股加权平均股数。

当业务量等指标发生变化时，不同利益阶层视角的绩效标准变动率不同，形成了杠杆效应。杠杆效应，指固定成本提高公司期望收益，同时也增加公司风险的现象，包括经营杠杆效应、财务杠杆效应和总杠杆效应。

经营杠杆效应，指在某一经营性固定成本比重的作用下，由于业务量（或边际贡献）一定程度的变动引起息税前利润产生更大程度变动的现象。经营杠杆一般用以评价经营风险。经营杠杆系数（DOL）用来衡量经营杠杆效应的大小，它是息税前利润变动率（$\Delta EBIT/EBIT$）与业务量变动率（$\Delta Q/Q$）之间的比率。经营杠杆系数越大，表明经营杠杆效应越大，经营风险也就越大；经营杠杆系数越小，表明经营杠杆效应越小，经营风险也就越小。经营杠杆是由与产品生产或提供劳务有关的经营性固定成本（F）所引起的，经营杠杆系数的大小是由固定性经营成本和营业利润共同决定的。虽然经营性固定成本是引发经营杠杆效应的根源，但企业业务量水平与盈亏平衡点的相对位置决定了经营杠杆的大小。企业一般可以通过增加业务量、增加单价、降低产品单位变动成本、降低固定成本比重等措施使经营杠杆系数下降，降低经营风险，但往往要注意相关制约条件。

财务杠杆效应，指在某一固定的债务与权益融资结构下由于息税前利润的变动引起每股收益产生更大变动程度的现象。财务杠杆一般用来评价财务风险。财务杠杆系数（DFL）用来衡量财务杠杆效应的大小，它是每股收益的变动率（$\Delta EPS/EPS$）与息税前利润的变动率（$\Delta EBIT/EBIT$）之间的比率。财务杠杆系数越大，表明财务杠杆效应越大，财务风险也就越大；财务杠杆系数越小，表明财务杠杆效应越小，财务风险也就越小。财务杠杆则是由债务利息（I）、优先股股利（PD）等固定性融资成本所引起的。虽然固定性融资成本是引发财务杠杆效应的根源，但息税前利润与固定性融资成本之间的相对水平决定了财务杠杆的大小，固定性融资成本和息税前利润共同决定了财务杠杆的大小。企业可以通过合理安排资本结构，适度负债，使财务杠杆利益抵消风险增大所带来的不利影响。

总杠杆效应，指在某一固定成本比重的作用下，由于业务量（或边际贡献）一定程度的变动引起每股收益产生更大程度变动的现象。总杠杆用来评价企业的总体风险水平。总杠杆系数（DTL）用来衡量总杠杆效应的大小。总杠杆系数越大，表明总杠杆效应越大；总杠杆系数越小，表明总杠杆效应越小。经营杠杆与财务杠杆具有放大盈利波动性的作用，从而影响企业的总体风险与收益。企业进行资本结构决策时需要在提高的期望收益与放大的风险之间进行合理的权衡。

根据杠杆原理，可以分别在静态和动态计算经营杠杆系数、财务杠杆系数和总杠杆系数。在静态计算财务杠杆系数时，为了可比，可以用税前收益总额 $[EBIT-I-PD/(1-T)]$ 来与息税前利润（$EBIT$）进行比较。从动态的情况来看，由于业务量（Q）是真正引起变化的根源，因此边际贡献的变动率（$\Delta M/M$）等于 Q 的变动率（$\Delta Q/Q$）。税前收益总额的变动率（$\Delta EPS/EPS$）也等于每股收益的变动率（$\Delta EPS/EPS$）。运用杠杆原理，将经营杠杆系数、财务杠杆系数和总杠杆系数计算涉及的相关参数、参量值、目标值汇总于表 2-3。

表 2-3 杠杆原理在经营杠杆系数、财务杠杆系数和总杠杆系数计算的应用

项目	a	b	$\Delta b/b$	$\Delta a/a$
经营杠杆系数（DOL）	CM	$EBIT$	$\Delta EBIT$ $/EBIT$	$\Delta M/M=$ $\Delta Q/Q$
财务杠杆系数（DFL）	$EBIT$	$EBIT-I-PD$ $/(1-T)$	ΔEPS $/EPS$	$\Delta EBIT$ $/EBIT$
总杠杆系数（DTL）	CM	$CM-F-I-PD$ $/(1-T)$	ΔEPS $/EPS$	$\Delta CM/CM=$ $\Delta Q/Q$

由于，
$$DOL=\frac{\Delta EBIT/EBIT}{\Delta Q/Q}=\frac{CM}{EBIT}=\frac{CM}{CM-F}=\frac{EBIT+F}{EBIT}$$
$$=\frac{(p-v)\times Q}{(p-v)\times Q-F}$$

因此在 $EBIT>0$ 时，只要存在经营性固定成本（F），$DOL>1$；当 $F=0$ 时，$DOL=1$。

$$DFL=\frac{\Delta EPS/EPS}{\Delta EBIT/EBIT}=\frac{EBIT}{EBIT-I-PD/(1-T)}$$
$$=\frac{(p-v)\times Q-F}{(p-v)\times Q-F-I-PD/(I-T)}$$

在 $EPS>0$ 时，只要存在债务利息（I）、优先股股利（PD）等固定性融资成本，$DFL>1$；

当 $I=0$ 且 $PD=0$ 时，$DFL=1$。

$$DTL=\frac{\Delta EPS/EPS}{\Delta Q/Q}=\frac{CM}{CM-F-I-PD/(1-T)}$$

$$=\frac{(p-v)\times Q}{(p-v)\times Q-F-I-PD/(1-T)}=\frac{EBIT+F}{EBIT-I-PD/(1-T)}$$

$$DTL=\frac{\Delta EPS/EPS}{\Delta EBIT/EBIT}\times\frac{\Delta EBIT/EBIT}{\Delta Q/Q}=DOL\times DFL$$

在 $EPS>0$ 时，只要存在经营性固定成本（F）、债务利息（I）、优先股股利（PD）等固定性融资成本，$DTL>1$。

显然，经营杠杆系数就是业务量的敏感系数，本-量-利分析是经营杠杆系数、财务杠杆系数和总杠杆系数计算的基础。

【例题 2-3】 A 公司是一个生产和销售通讯器材的股份公司。假设该公司适用的所得税税率为 40%。对于明年的预算出现三种意见。

第一方案：维持目前的生产和财务政策。预计销售 45,000 件，售价为 240 元/件，单位变动成本为 200 元，固定成本为 120 万元。公司的资本结构为：400 万元负债（利息率 5%），普通股 20 万股。

第二方案：更新设备并用负债筹资。预计更新设备需投资 600 万元，生产和销售量不会变化，但单位变动成本将降低至 180 元/件，固定成本将增加至 150 万元。借款筹资 600 万元，预计新增借款的利率为 6.25%。

第三方案：更新设备并用股权筹资。更新设备的情况与第二方案相同，不同的只是用发行新的普通股筹资。预计新股发行价为每股 30 元，需要发行 20 万股，以筹集 600 万元资金。

（1）计算三个方案下的每股收益、经营杠杆、财务杠杆和总杠杆，其过程见表 2-4。

表 2-4　每股收益、经营杠杆、财务杠杆和总杠杆计算

项目	方案 1	方案 2	方案 3
业务量/件	45,000	45,000	45,000
单价/元	240	240	240
营业收入	10,800,000	10,800,000	10800000
单位变动成本	200	180	180
变动成本	9,000,000	8,100,000	8,100,000
边际贡献	1,800,000	2,700,000	2,700,000
固定成本	1,200,000	1,500,000	1,500,000
息税前利润	600,000	1,200,000	1,200,000
原负债	4,000,000	4,000,000	4,000,000
原负债利息率	5％	5％	5％
原负债利息	200,000	200,000	200,000
新增负债		6,000,000	
新增负债利率		6.25％	
新增负债利息		375,000	
利息合计	200,000	575,000	200,000
税前利润	400,000	625,000	1,000,000
所得税税率	40％	40％	40％
所得税	160,000	250,000	400,000
税后利润	240,000	375,000	600,000

项目	方案 1	方案 2	方案 3
股数	200,000	200,000	400,000
每股收益	1.2	1.88	1.50
经营杠杆	180/60=3	270/120=2.25	270/120=2.25
财务杠杆	60/40=1.5	120/62.5=1.92	120/100=1.2
总杠杆	3×1.5=4.5	2.25×1.92=4.32	2.25×1.2=2.7

注：变动成本和固定成本均不包含利息。因为本量利分析是基于企业经营活动的，利息支出属于筹资活动，不包含在成本之内。

（2）第二方案和第三方案每股收益相等的业务量计算过程如下。

$$\frac{Q\times(240-180)-150-20}{40}=\frac{Q\times(240-180)-150-57.5}{20}$$

$$60Q-170=2\times(60Q-207.5)$$

$$Q=40,833(件)$$

（3）每股收益为零的业务量的计算过程如下。

方案一：$Q\times(240-200)-1,200,000-200,000=0$

$$Q=35,000(件)$$

方案二：$Q\times(240-180)-1,500,000-575,000=0$

$$Q=34,583(件)$$

方案三：$Q\times(240-180)-1,500,000-200,000=0$

$$Q=28,333(件)$$

（4）风险与收益分析

第一个方案为风险最大的方案，其安全边际最小，总杠杆系数最大。

第二个方案为报酬最高的方案，它的每股收益最大。

如果公司业务量降至 30，000 件：

第二个方案的税前利润＝30,000×(240－180)－1,500,000－575,000＝－275,000(元)

第三个方案的税前利润＝30,000×(240－180)－1,500,000－200,000＝100,000(元)

第三个方案更好些，因为此时企业仍可以盈利。

第三节　每股收益的计算与分析

一、每股收益的计算

每股收益（EPS）是用于衡量每股普通股当期的获利水平及投资风险，是普通股股东等信息使用者据以评价企业盈利能力、预测企业成长潜力据以做出相关经济决策的一项重要的财务指标。由于优先股的存在，普通股股东的净收益与企业实现的净利润是有所区别的：净收益＝净利润－优先股股利。如果企业没有发行优先股，净收益就等于净利润。由于净收益是个绝对值，不便于不同规模的企业间的横向比较，也不便于同一企业投入资本变化各期的比较，因此往往以每股收益代替净收益来反映每股普通股当期创造的利润。

每股收益是在权责发生制、息税前利润的基础上计算的相对业绩指标。根据《企业会计准则第 34 号——每股收益》及相关指南和解释，普通股或潜在普通股已公开交易的企业，以及正处于公开发行普通股或潜在普通股过程中的企业，应当计算每股收益指标，并在招股说明书、年度财务报告、中期财务报告等公开披露信息中予以列报。每股收益指标既可用于不同企业间的相对盈利能力的横向业绩比较；也可用于同一企业不同会计期间的纵向业绩比较，以把握企业盈利能力的变化趋势；还可用于企业实际经营业绩与盈利预测的比较，以掌握该企业的管理能力。为了提高比较信息的可靠性和可比性，在进行比较时，每股收益计算每股收益时对相关的净收益往往要考虑会计政策变更带来的影响，并扣除自然灾害造成的损失等非经常性损益。每股收益的计算公式如下。

每股收益＝净收益/流通在外普通股加权平均股数

　　　　＝(净利润－优先股股利)/流通在外普通股

　　　加权平均股数

即：　　$EPS = [(EBIT - I)(1 - T) - PD] / N$

在企业盈利水平不变情况下，N 的变化会导致 EPS 发生变化。因此具体进行 EPS 的计算时，需要关注以下几个与 N 相关的问题。

（1）N 是否包含库存股？

公司库存股不属于流通在外的普通股，且无权参与利润分配。因此，应当在计算 N 时扣除库存股股份数。

（2）N 是否一定要计算加权平均数？

在股份数不发生变化的年份，流通在外普通股加权平均股数就是流通在外普通股股数的年末数，此时 N 可以直接采用年末数。在股份数发生变化的年份，如果从投入资本与普通股股东获得的净收益的因果关系来看，使用加权平均股数比较恰当，因此在增发股份或回购股份的年份，N 应当计算加权平均数；如果从普通股股东"同股同权、同股同利"分享企业的财富角度来看，N 使用年末数更好地反映经济现实，因此在发放股票股利或股票分割造成股份变动的年份，N 使用年末数似乎更为合理。

（3）增（新）发或回购股份的年份如何计算 N？

增发股份或回购股份的年份，往往按照下列公式计算流通在外普通股加权平均股数。

发行在外普通股加权平均数＝期初发行在外普通股股数＋当期
新发行普通股股数×已发行时间÷报告期时间－当期回购
普通股股数×已回购时间÷报告期时间

其中，作为权数的已发行时间、报告期时间和已回购时间通常
按天数计算，在不影响计算结果合理性的前提下，也可以采用简化
的计算方法，如按月数计算。

如果按月数计算流通在外普通股加权平均股数，借鉴固定资产
计提折旧月数计算思路，流通在外普通股加权平均股数计算公式简
化为：

$$N = N_0 + \Delta N \times (12 - 发行或回购月数)/12$$

式中，N_0 为期初流通在外普通股股数；ΔN 为增发或回购股
份变动的普通股股数，如果回购用负数表示；发行或回购月数是指
发行或回购月份，如 7 月份回购股份，发行或回购月数＝7。

（4）发放股票股利或股票分割的年份如何计算 N？

股票股利是公司以发放的股票作为股利的支付方式。企业发放
股票股利时，$\Delta N = N_0 \times$ 每股普通股股票股利派送比例；不考虑
加权平均数情况下，$N = N_0 \times (1 + 每股普通股股票股利派送$
比例）。

股票分割是指将面额较高的股票交换成面额较低的股票的行
为。不考虑加权平均股数情况下，股票分割后，$N = N_0 \times$ 分割
倍数。

二、每股收益无差别点法

财务杠杆更多是关注息前税前收益的变化程度引起每股收
益变动的程度，企业在具有不同债务融资规模或比率方案的财
务风险比较与选择时，往往借助于财务杠杆系数。企业因扩大

经营规模需要筹措资本时，可供选择的筹资方式一般包括：普通股融资、优先股融资与长期债务融资。当企业在某一特定预期盈利水平下进行融资方式的选择时，往往采用每股收益无差别点法。

每股收益无差别点，是指不同筹资方式下每股收益相等时的盈利水平（$EBIT$、CM 或 Q）。在每股收益无差别点上，无论采用普通股融资或优先股融资还是长期债务融资，每股收益都相等。每股收益无差别点法是在计算不同融资方案下，企业的每股收益相等时所对应的盈利水平（$EBIT$、CM 或 Q）基础上，通过比较在企业预期盈利水平（$EBIT$、CM 或 Q）下不同融资方案的每股收益的大小，选择每股收益较大的融资方案。在具体分析中，可画出每股收益无差别点图（$EBIT$-EPS 分析图）来展开较为直观的分析（如图 2-3）。

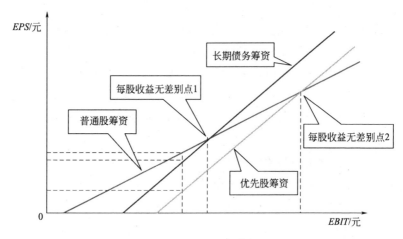

图 2-3 $EBIT$-EPS 分析图

具体计算和分析思路如下。在每股收益无差别点，通过

$$EPS = \frac{(\overline{EBIT - I_1})(1-T) - PD_1}{N_1} = \frac{(\overline{EBIT - I_2})(1-T) - PD_2}{N_2}$$

或者 $EPS = \dfrac{(\overline{CM} - F - I_1)(1 - T) - PD_1}{N_1}$

$\qquad = \dfrac{(\overline{CM} - F - I_2)(1 - T) - PD_2}{N_2}$

或者 $EPS = \dfrac{[(p - v)\overline{Q} - F - I_1](1 - T) - PD_1}{N_1}$

$\qquad = \dfrac{[(p - v)\overline{Q} - F - I_2](1 - T) - PD_2}{N_2}$

可以计算出每股收益无差别点的 $\overline{EBIT}$、$\overline{CM}$ 或 $\overline{Q}$，然后在 $EBIT\text{-}EPS$ 分析图中通过比较决策点实际盈利水平（$EBIT$、CM 或 Q）与每股收益无差别点的 $\overline{EBIT}$、$\overline{CM}$ 或 $\overline{Q}$ 相对位置，选择 EPS 高的融资方案。

结合每股收益无差别点图，在具体分析时建议考虑以下几点。

（1）I、PD、N 代表负债、优先股、普通股的特征。不同的资本结构三者的数值可能不同。不同的资本结构决定了不同的 EPS 线。

（2）EPS 图的纵坐标是 EPS，横坐标（变量）$EBIT$（也可以是 Q、CM、PQ）。反映了影响 EPS 的经营因素。

（3）相同的资本结构其不同的 $EBIT$（或 Q、CM、PQ）决定的 EPS 在同一直线上。

（4）如果追加的是负债和优先股筹资的比较，由于原来的 N 相同，因此 EPS 线的斜率（$1/N$）相同，因此两者应该是平行或重合。由于负债的 I 可以抵减所得税，并且正常情况 I 可能会小于 PD，因此一般负债线在优先股线的上边，具体看相关的数据，即比较 $I \times T$ 与 PD 的大小，小的在上边。

（5）如果追加的是负债和普通股或优先股和普通股的比较，由于 N 不同，因此可能存在不同线的交点。在交点（无差别点）EPS 和 $EBIT$（Q 或 CM 或 PQ）都相同。

（6）追加筹资方式中，普通股同优先股比较 I 相同，优先股与负债筹资的 N 相同。因此无差别点计算一般选择普通股（N）与优先股（PD）或负债（I）组合。

（7）直线与横坐标的交点代表 $EPS=0$ 时的 $EBIT$，与纵坐标的焦点代表 $EBIT=0$，即盈亏临界点的 EPS。

（8）注意与盈亏临界分析的综合。

【例题 2-4】 某企业目前的资本来源包括每股面值 1 元的普通股 800 万股和平均利率为 10％的 3,000 万元债务。该公司现在拟投产一个新产品，该项目需要投资 4,000 万元，预期投产后每年可增加息税前利润 400 万元。该项目备选的筹资方案有三个。

（1）按 11％的利率发行债券。

（2）按面值发行股利率为 12％的优先股。

（3）按 20 元/股的价格增发普通股。

该公司目前的息税前盈余为 1,600 万元；公司适用的所得税税率为 40％；证券发行费可忽略不计。

（1）先比较不同筹资方案对每股收益的影响（表 2-5）

表 2-5 不同方案筹资后的每股收益

筹资方案	发行债券	发行优先股	增发普通股
息税前利润/万元	2,000	2,000	2,000
现有债务利息/万元	300	300	300
新增债务利息/万元	440	0	0
税前利润/万元	1,260	1,700	1,700
所得税/万元	504	680	680
税后利润/万元	756	1,020	1,020
优先股红利/万元		480	
净收益/万元	756	540	1,020
股数/万股	800	800	1,000
每股收益/(元/股)	0.95	0.68	1.02

（2）债券筹资与普通股筹资每股收益的无差别点为：

$$\frac{\overline{(EBIT-300-4,000\times11\%)}(1-40\%)}{800}$$

$$=\frac{\overline{(EBIT-300)}(1-40\%)}{800+4,000/20}$$

$$\overline{EBIT}=2,500（万元）$$

优先股筹资与普通股筹资的每股收益无差别点为：

$$\frac{\overline{(EBIT-300)}(1-40\%)-4000\times12\%}{800}$$

$$=\frac{\overline{(EBIT-300)}(1-40\%)}{800+4,000/20}$$

$$\overline{EBIT}=4,300（万元）$$

（3）筹资前后财务杠杆系数的计算

筹资前的 $DFL=1,600/(1,600-300)=1.23$

发行债券筹资的 $DFL=2,000/(2,000-300-4,000\times11\%)$
$$=1.59$$

优先股筹资的 $DFL=2,000/(2,000-300-4,000\times12\%/0.6)$
$$=2.22$$

普通股筹资的 $DFL=2,000/(2,000-300)=1.18$

（4）根据图2-4，在新增息税前利润400万元时，实际 $EBIT$（2,000万元）小于每股收益无差别点的 $\overline{EBIT}$（2,500万元），选择增发普通股筹资，增发普通股筹资方案每股收益较高、风险（财务杠杆）较低，最符合财务目标。

（5）当项目新增息税前利润为1,000万元时，实际 $EBIT$（2,600万元）大于每股收益无差别点的 $\overline{EBIT}$（2,500万元），应选择债券筹资方案。

（6）当项目新增息税前利润为4,000万元时，实际 $EBIT$（5,600万元）大于每股收益无差别点的 $\overline{EBIT}$（2,500万元），应选择债券筹资方案。

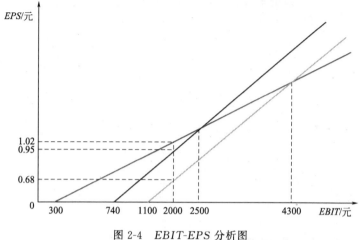

图 2-4　EBIT-EPS 分析图

小贴士

（1）每股收益无差别点图的横轴为 $EBIT$，不是 $\Delta EBIT$。

（2）本题是三个方案选择，有两个每股收益无差别点，根据图 2-4 所示，应该按照最小的每股收益无差别点进行决策。

第三章

短期财务决策（二）

本章在前章本-量-利分析的基础上，通过分析现金和有价证券、应收账款和存货等流动资产投资的相关总成本、税前损益等，进行营运资本投资决策。

现金

现金有广义与狭义之分，狭义是指库存现金；本节所讲的现金是广义的现金，包括库存现金、各种形式的银行存款和银行本票、银行汇票等其他货币资金等，相当于资产负债表中的"货币资金"项目。

现金是企业流动性最强的资产，是可以立即投入流动的交换媒介，持有现金，可以使得企业保持较强的流动性，以满足企业日常交易的支付、预防意外发生的支付和用于不寻常购买机会等需求。企业需要在保持现金流动性与增加收益性之间进行权衡，确定最佳现金持有量。但是，现金的收益性较低，因此，往往通过比较持有现金的相关总成本或总成本来选择最佳现金持有量。确定最佳现金持有量的方法包括如下几种模式。

一、成本分析模式

成本分析模式是通过分析可供选择的几个方案持有现金的总成本，寻找持有总成本最低时的现金持有量，从而确定最佳现金持有量的一种方法。

成本分析模式考虑持有现金的各项成本包括以下几项内容。

（1）机会成本。现金的机会成本，是指企业因持有现金所丧失的再投资收益。持有现金则不能将其投入生产经营活动或进行有价证券投资，失去由此产生的收益。现金的机会成本与现金持有量正相关：现金持有量越多，机会成本越高，反之亦然。

（2）管理成本。现金的管理成本，是指企业拥有现金发生的如管理人员工资、安全措施费等管理费用。作为一种固定成本，现金的管理成本与现金持有量之间没有明显的比例关系。

（3）短缺成本。现金的短缺成本，是指因现金持有量不足，不能应付业务开支所需而使企业蒙受损失或为此付出的代价。现金的短缺成本与现金持有量负相关：随现金持有量的增加而下降，随现金持有量的减少而上升。

成本分析模式，通过分别计算出各种方案的机会成本、管理成本、短缺成本，从中选择总成本之和最低的现金持有量，即为最佳现金持有量。

二、存货模式

存货模式是在现金的流出量稳定不变前提下，采用存货经济批量基本模型类似的思路，分析持有现金的各项相关成本，计算相关总成本最低的现金持有量，从而确定最佳现金持有量的一种方法。存货模式是一种简单、直观的确定最佳现金持有量的方法。

存货模式下考虑持有现金的各项相关成本包括以下几项内容。

（1）机会成本

现金的机会成本与现金持有量（C）成正向变化，持有较多的现金，会增加现金占用资金的机会成本；持有较少的现金，能减少现金占用资金的机会成本。即

$$交易成本 = (T/C) \times F$$

式中，T 为一定期间内的现金需求量；F 为每次出售有价证券以补充现金所需的交易成本；C 为每次循环初的现金持有量；T/C 为年出售有价证券补充现金所需的交易转化次数。

（2）交易成本

现金的交易成本，指企业每次以有价证券转换回现金是要付出如经纪费用等代价。有价证券作为企业现金的一种转换形式，具有变现能力强、可以随时兑换成现金等特点。当企业有多余现金时，经常将其兑换成有价证券；当企业现金流量不足需要补充现金时，将有价证券换回现金。有价证券经常被视为现金的替代品，是"现

金"的一部分。

现金的交易成本与现金转换次数、每次的转换量有关。假定现金每次的交易成本（F）是固定的，在企业一定时期现金使用量确定的前提下，每次以有价证券转换回现金的金额越大，企业平时持有的现金量会越高，转换的次数便越少，现金的交易成本就越低；现金交易成本与持有量成反比。

$$机会成本 = (C/2) \times K$$

式中，$C/2$ 为各循环期内的现金平均持有量；K 为持有现金的机会成本率。

将现金的交易成本与短缺成本合计即为相关总成本，相关总成本最低的现金持有量即为最佳现金持有量（C^*）。

由于相关总成本为 $TC(C) = (C/2) \times K + (T/C) \times F$

因此 C^* 应当满足 $(C^*/2) \times K = (T/C^*) \times F$

所以 $C^* = \sqrt{(2T \times F)/K}$

将（C^*）代入相关总成本公式，即可计算出相关的交易成本、短缺成本和最低相关总成本 TC（C^*）。

三、随机模式

实际工作中，现金需求量往往难以预知，往往采用随机模式对现金持有量进行控制。

随机模型利用控制图，根据企业历史经验和现实需要，测算出一个现金持有量的控制范围（即现金持有量的上、下限），将现金持有量控制在上下限之内。现金持有量的随机模式图如图 3-1 所示。

一旦现金持有量超出控制范围，就采取相应应对策略：当现金持有量达到控制上限时，用现金购入有价证券，使现金持有量下降，回落到现金返回线（R）的水平；当现金量降到控制下限时，则抛售有价证券换回现金，使现金持有量回升至现金返回线的水平；

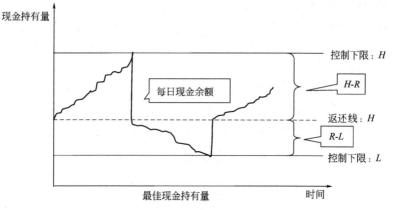

图 3-1　现金持有量的随机模式图

如果现金量在控制的上下限之内，便不必进行现金与有价证券的转换，保持它们各自的现有存量。

计算现金返还线的相关公式如下：

$$R-L=\sqrt[3]{\frac{3b\delta^2}{4i}}$$

$$H-R=2(R-L)$$

式中，b 为每次有价证券的固定转换成本；i 为有价证券的日利息率；δ 为预期每日现金余额变化的标准差（可根据历史资料测算）。

例如，根据企业历史经验和现实需要测算出某公司现金最低持有量 L 为 70,000 元，现金余额的最优现金返回线为 85,000 元。如果公司现有现金 112,000 元，根据现金持有量随机模型，$H-R=2(R-L)=2\times(85,000-70,000)=30,000(元)$；$H=85,000+30,000=115,000$（元），由于现有现金 112,000 元，在控制上下限之间，不必进行现金与有价证券转换。

虽然随机模式具有普遍应用性；但是，由于该模式建立在企业的现金未来需求总量和收支不可预测的前提下，因此计算出来的现金持有量比较保守。下限 L 的确定，要受到企业每日的最低现金需要、管理人员的风险承受倾向等因素的影响。

第二节 应收账款

一、应收账款管理的目标

应收账款是指因对外销售商品、供应劳务等经营活动，应向购货单位或接受劳务单位及其他单位收取的款项，包括应收销售款、其他应收款、应收票据等。主要包括企业销售商品或提供劳务等应向有关债务人收取的价款及代购单位垫付的包装费、运杂费等。

由于激烈的市场竞争，许多企业往往采用赊销以扩大销售。因赊销产生的应收账款，一方面可以有效地促进企业的销售，直接给企业带来收入、边际贡献和息税前利润的增加；另一方面，作为一项信用政策，赊销产生的应收账款因占用企业的资金而增加机会成本等相关成本。企业在进行应收账款赊销政策选择时，需要在应收账款信用政策所增加的收益和带来的相关成本之间做出权衡。只有当应收账款增加的收益（或节约的成本）超过增加的相关成本时，才应当实施应收账款赊销；如果应收账款赊销有着良好的盈利前景，可适当放宽信用条件以增加赊销量。

二、信用政策与应收账款

应收账款赊销的效果好坏，与企业的信用政策有关。企业信用标准、信用期、现金折扣条件、收款政策等信用政策决定了企业应收账款的水平。

信用标准是指申请信用的客户获得企业的交易信用所应具备的条件。通常以预期的坏账损失率作为判别标准。如果客户达不到信用标准，便不能享受企业的信用或只能享受较低的信用优惠。企业往往通过分析客户申请信用时所提交的财务报告、客户历史还款记录、客户供应商提供的相关信息等资料，对客户的信用进行定性和定量分析，对客户的信用情况进行判定。信用标准对企业的应收账款影响比较明显：如果企业执行过于宽松的信用标准，会有利于企业销售量的扩大，与此同时，会增加企业与应收账款相关的成本；如果企业执行比较严格的信用标准，会不利于企业销售量的扩大或失去部分商机，但是会减少与企业应收账款相关的成本。

信用期是企业允许客户从购货（或接受劳务，下同）到付款之间的时间，或者说是企业给予客户的付款期间。延长信用期，会增加企业赊销额，同时，会增加收账费用和坏账损失等与应收账款相关的成本。

现金折扣条件包括现金折扣和折扣期。现金折扣是企业对提前付款的客户在商品价格上所做的扣减。现金折扣一方面有利于企业吸引客户为享受优惠而提前付款，以缩短企业的平均收款期；另一方面也能招揽一些视折扣为减价出售的顾客前来购货，借此扩大销售量。通常采用如"2/10、1/20、N/30"的形式来表示现金折扣。具体含义为：2/10表示客户如果在10天内付款，可享受2%的价格优惠，即只需支付原价的98%；1/20表示如果客户在11～20天付款，可享受1%的价格优惠，即只需支付原价的99%；N/30表示如果客户在21～30天付款，此时需支付全款，无任何优惠；其中10、20为折扣期，30为信用期。延长折扣期和给予客户较高的现金折扣，会增加企业赊销额，但是会增加价格折扣损失等成本。

实际工作中，现金折扣条件往往与信用期间结合使用，将延期付款时间和现金折扣条件综合起来，比较各方案增加的收益和带来的成本，确定税前收益高的方案为最佳方案。

收账政策是指企业针对客户不同的逾期账款所采取的催收策略。如短信提示、信函催收、诉讼等。收账政策的执行，也会影响企业的收益。如果企业采取积极的收账政策，可能会减少应收账款的机会成本和坏账损失，与此同时，会增加收账费用。应在收账费用和所减少坏账损失等之间进行权衡，以确定合适的收账政策。

三、应收账款决策

在具体进行信用政策的选择和应收账款决策时，需要关注以下几方面问题。

（1）以税前损益为决策标准，一般不考虑所得税的影响。一般采用差额分析法，也可以采用总额分析法，具体步骤和思路如表3-1。

表3-1　涉及收入的差额分析法和总额分析法计算思路

方法	差额分析法	总额分析法	
	新方案－原方案	新方案（2）	原方案（1）
步骤	①Δ收益＝相关收益2－相关收益1	①相关收益2	①相关收益1
	②Δ相关总成本 ＝相关总成本2－相关总成本1	②相关总成本2	②相关总成本1
	③Δ税前损益＝①－②	③税前损益2	③税前损益1
决策	Δ税前损益＞0，选新方案；否则，选原方案	税前损益2＞税前损益1，选新方案；否则，选原方案	

注：上表中相关收益是指不同方案的息税前利润（$EBIT$）；如果不同方案的固定成本（F）相同，相关收益为边际贡献（CM）。

（2）如果相关方案不涉及收入的增加，应以决策总成本（应收账款相关总成本、增量变动成本和固定成本之和）为决策标准。具体步骤和思路如表3-2。

表 3-2 　不涉及收入的差额分析法和总额分析法计算思路

方法	差额分析法	总额分析法	
	新方案－原方案	新方案(2)	原方案(1)
步骤	① 增量(变动及固定)成本 ＝增量成本 2－增量成本 1	①增量(变动及 固定)成本 2	①增量(变动 及固定)成本 1
	②△ 相关成本 ＝相关成本 2－相关成本 1	②相关成本 2	②相关成本 1
	③决策总成本＝①＋②	③决策总成本 2	③决策总成本 1
决策	△ 决策总成本＜0,选新方案;否则,选原方案	决策总成本 2＜决策总成本 1,选新方案;否则,选原方案	

(3) 应收账款相关成本包括以下几个项目。

① 机会成本。此处的机会成本是指与信用政策相关的应收账款占用资金的应计利息、多储备存货占用资金的应计利息和应付账款占用资金的应计利息。相关计算公式如下。

a. 应收账款占用资金的应计利息＝应收账款平均余额×变动成本率×资本成本

b. 存货占用资金的应计利息＝存货平均余额×资本成本

c. 应付账款占用资金的应计利息＝－应付账款平均余额×资本成本。

② 收账费用、坏账损失和现金折扣成本。其中:现金折扣成本增加额＝新的销售水平×新的现金折扣率×享受现金折扣的顾客比例－旧的销售水平×旧的现金折扣率×享受现金折扣的顾客比例。

在具体计算时要注意以下几个方面。

a. 一般以等风险投资的最低报酬率作为资本成本。

b. 应收账款平均余额可以结合财务分析中的应收账款周转次数和周转天数的关系来计算,由于是企业内部分析,要注意"应收账款平均余额"是按照赊销额还是全部销售收入的计算口径来计算？同时，在"应收账款占用资金的应计利息"计算时按"应收账款平均余额乘以变动成本率"计算确定，因为按照企业实际垫付的营运资金角度来看，"应收账款占用资金"仅仅是按照赊销额计算的变动成本部分。

c. "存货平均余额"是直接根据存货的期末金额及期初金额来计算，还是通过经济批量及保险储备来计算？另外，存货采购单价（U）就是销售的单位变动成本（V）。

d. 对于企业而言，应付账款是占用供应商的资金，是节约企业的资金。从成本角度是对存货占用资金应计利息的抵减。因此计算时用"－"表示。

【例题 3-1】 ABC 公司是一个商业企业。现行的信用政策是40 天内全额付款，赊销额平均占销售额的 75%，其余部分为立即付现购买。目前的应收账款周转天数为 45 天（假设一年为 360 天，根据赊销额和应收账款期末余额计算，下同）。总经理今年 1 月初提出，将信用政策改为 50 天全额付款，改变信用政策后，预期总销售额可增加 20%，赊销比例增加到 90%，其余部分为立即付现购买。预计应收账款周转天数延长到 60 天。

改变信用政策预计不会影响存货周转率和变动成本率（目前销货成本占销售额的 70%，工资由目前的每年 200 万元，增加到 380万元）。除工资以外的营业费用和管理费用目前为每年 300 万元，预计不会因信用政策改变而变化。

上年末的资产负债表见表 3-3。

表 3-3　资产负债表　　200×年 12 月 31 日

资产	金额/万元	负债及所有者权益	金额/万元
现金	200	应付账款	100
应收账款	450	银行借款	600

资产	金额/万元	负债及所有者权益	金额/万元
存货	560	实收资本	1,500
固定资产	1,000	未分配利润	10
资产总计	2,210	负债及所有者权益总计	2,210

假设该投资要求的必要报酬率为 8.9597%，公司对应否改变信用政策进行决策。

(1) 收益的增加 $= \dfrac{450 \times (360 \div 45)}{75\%} \times 20\% \times (1 - 70\%) -$

$(380 - 200)$

$= 4,800 \times 20\% \times (1 - 70\%) - 180$

$= 108(万元)$

(2) 相关成本的增加

① 应收账款占用资金的应计利息增加

$= \left[\dfrac{4,800 \times (1 + 20\%)}{360 \div 60} \times 90\% - 450 \right] \times 70\% \times 8.9597\%$

$= 25.97(万元)$

② 存货占用资金应计利息增加

$= \left[\dfrac{4,800 \times (1 + 20\%) \times 70\%}{(4,800 \times 70\%) \div 560} - 560 \right] \times 8.9597\%$

$= 10.03(万元)$

③ 相关成本的增加合计 $= 25.97 + 10.03 = 36$（万元）

(3) 税前损益增加 $= 108 - 36 = 72$（万元）

决策：改变信用政策的净收益大于 0，所以应改变信用政策。

【例题 3-2】 C 公司生产和销售甲、乙两种产品。目前的信用政策为"2/15，n/30"，有占销售额 60% 的客户在折扣期内付款并享受公司提供的折扣；不享受折扣的应收账款中，有 80% 可以在信用期内收回，另外 20% 在信用期满后 10 天（平均数）收回。逾期账款的收回，需要支出占逾期账款额 10% 的收账费用。如果明年继续保持目前的信用政策，预计甲产品销售量为 4 万件，单价100 元，单位变动成本 60 元；乙产品销售量 2 万件，单价 300 元，单位变动成本 240 元。

如果明年将信用政策改为"5/10，$n/20$"预计不会影响产品的单价、单位变动成本和销售的品种结构，而销售额将增加到1200 万元。与此同时，享受折扣的比例将上升至销售额的 70%；不享受折扣的应收账款中，有 50% 可以在信用期内收回，另外50% 可以在信用期满后 20 天（平均数）收回。这些逾期账款的收回，需要支出占逾期账款额 10% 的收账费用。该公司应收账款的资金成本为 12%。一年按 360 天计算，计算结果以万元为单位，保留小数点后四位（下同）。

（1）假设公司继续保持目前的信用政策，其平均收现期和应收账款占用资金的应计利息为：

$$平均收现期 = 15 \times 60\% + 30 \times (1-60\%) \times 80\% + (30+10) \times$$
$$(1-60\%) \times 20\%$$
$$= 9 + 9.6 + 3.2$$
$$= 21.8（天）$$

$$加权平均变动成本 = \frac{60 \times 4 + 240 \times 2}{100 \times 4 + 300 \times 2} \times 100\% = \frac{720}{1,000} \times 100\%$$
$$= 72\%$$

$$或者 = \frac{60}{100} \times \frac{100 \times 4}{100 \times 4 + 300 \times 2} + \frac{240}{300} \times \frac{300 \times 2}{100 \times 4 + 300 \times 2}$$
$$= 60\% \times \frac{400}{1,000} + 80\% \times \frac{600}{1,000} = 72\%$$

$$应收账款占用资金的应计利息 = \frac{1,000}{360 \div 21.8} \times 72\% \times 12\%$$
$$= 5.2320（万元）$$

（2）假设公司采用新的信用政策，平均收现期和应收账款应计利息为：

$$平均收现期 = 10 \times 70\% + 20 \times (1-70\%) \times 50\% + (20+20) \times$$
$$(1-70\%) \times (1-50\%)$$
$$= 7+3+6$$
$$= 16(天)$$

由于预计不会影响产品的单价、单位变动成本和销售的品种结构，因此加权平均变动成本率将保持不变。

$$应收账款占用资金的应计利息 = \frac{1,200}{360 \div 16} \times 72\% \times 12\%$$
$$= 4.6080（万元）$$

（3）改变信用政策引起的损益变动额计算过程如下。

① 收益的增加 = $[1200-(100 \times 4 + 300 \times 2)] \times (1-72\%) = 56$（万元）

② 相关总成本的增加

应计利息增加 = $4.6080 - 5.2320 = -0.6240$（万元）

收账费用增加

$$= 1,200 \times (1-70\%) \times 50\% \times 10\% - (100 \times 4 + 300 \times 2)$$
$$(1-60\%) \times 20\% \times 10\%$$
$$= 18-8$$
$$= 10（万元）$$

$$现金折扣成本增加 = 1200 \times 70\% \times 5\% - (4 \times 100 + 2 \times$$
$$300) \times 60\% \times 2\%$$
$$= 42-12$$
$$= 30（万元）$$

相关总成本增加额 = $-0.6240 + 10 + 30 = 39.3760$（万元）

③ 税前损益增加额 = $56 - 39.3760 = 16.6240$（万元）

由于改变信用政策的增量税前损益大于零，故应改变信用政策。

第三节 存货

一、储备存货的成本

存货是指企业在日常活动中持有以备出售的产成品或商品、处在生产过程中的在产品、在生产过程或提供劳务过程中耗用的材料和物料等。为了保证生产或销售的经营需要，避免或减少出现停工待料、停业待货等事故，或出于降低采购价格等方面的考虑，企业往往会储备一定数量的各种存货。

企业储备存货会增加仓储费等各种成本，而企业整批量购入存货会得到一定的商业折扣。因此，企业进行存货管理，要在获取的收益与带来的增量成本之间进行权衡，以确定最佳存货储备量（经济批量）。

与储备存货相关的成本包括以下内容。

1. 取得成本（TC_a）

取得成本指为取得某项存货发生的成本。

（1）为取得订单的订货成本，如常设采购机构的办公费、差旅费、邮资、通讯费用等。具体分为：①与订货次数无关的订货固定成本（F_1），如常设采购机构的基本办公费等；②与订货次数有关的订货变动成本，如差旅费等。订货变动成本的计算公式为：

$$订货变动成本 = (D/Q) \times K$$

式中，K 为每次订货的变动成本；D 为存货年需要量；Q 为每次进货量；D/Q 为年订货次数。

因此，订货成本 $= F_1 + (D/Q) \times K$

（2）购置成本：指购买或制造存货本身发生的成本。存货购置成本与购置数量和单价有关，其计算公式为：

$$购置成本 = D \times U$$

式中，D 为存货年需要量；U 为存货购置单价。

因此，$TC_a = F_1 + (D/Q) \times K + D \times U$。

2. 储存成本（TC_c）

储存成本指为保持存货储备而发生的成本，包括存货占用资金的应计利息、仓储费用、保险费用、存货破损和变质损失等。储存成本可分为两类。

（1）与存货数量的多少无关的储存固定成本（F_2），如仓库折旧、仓库职工的固定工资等。

（2）与存货的数量有关的储存变动成本，如存货占用资金的应计利息、存货的破损和变质损失、存货的保险费用等。依据不同的到货模式，储存变动成本计算公式如下。

集中到货模式：储存变动成本 $= (Q/2) \times K_c$

陆续到货和使用模式：

$$储存变动成本 = (Q/2) \times (1 - d/p) \times K_c$$

式中，K_c 为单位储存变动成本，d 为存货每日耗用量；p 为存货每日送货量；$Q/2$ 为集中到货模式下存货平均储存量；$(Q/2) \times (1 - d/p)$ 为陆续到货模式下存货平均储存量。

因此，集中到货模式下，$TC_c = F_2 + (Q/2) \times K_c$

陆续到货和使用模式下，$TC_c = F_2 + (Q/2) \times (1 - d/p) \times K_c$

3. 缺货成本（TC_s）

缺货成本指由于存货供应中断而造成的损失，包括材料供应中断造成的停工损失、产成品库存缺货造成的拖欠发货损失和丧失销售机会的损失等；如果企业以紧急采购代用材料解决库存材料中断之急，缺货成本为紧急额外购成本。

因此，储备存货的总成本 $TC = TC_a + TC_c + TC_s$

二、存货经济批量

存货决策涉及进货项目的确定、供应单位的选择、进货时间和进货批量的确定等内容。其中财务部门需要确定合理的进货时间和进货批量，使存货的总成本最低（此时相关总成本也最低）。经济订货量（即经济批量）是指存货的相关总成本最低的批量。存货经济批量的计算分为基本模型和基本模型的扩展。

1. 基本模型

存货经济批量的基本模型设立的假设条件为：①企业能够及时补充存货，即需要订货时便可立即取得存货；②能集中到货，而不是陆续入库；③不允许缺货，即无缺货成本；④需求量稳定（D 为已知常量），并且能预测；⑤存货单价不变（U 为已知常量）；⑥企业现金充足，不会因现金短缺而影响进货；⑦所需存货市场供应充足，不会因买不到需要的存货而影响其他。

依据前述储备存货相关成本的分析，基于基本模型的假设，储备存货的总成本为：

$$TC = F_1 + (D/Q) \times K + D \times U + F_2 + (Q/2) \times K_c$$

与每次进货批量（Q）相关的总成本为：

$$TC(Q) = (D/Q) \times K + (Q/2) \times K_c$$

依据图 3-2，当存货每次进货量为经济批量时，

$$(D/Q) \times K = (Q/2) \times K_c$$

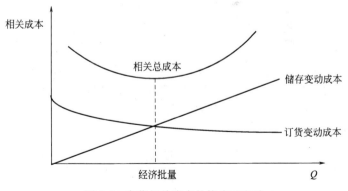

图 3-2　存货相关成本的构成及变动

因此，经济批量为：

$$Q^* = \sqrt{\frac{2KD}{K_c}}$$

然后将 Q^* 代入入相关总成本计算公式中，即可计算出下列各式：

每年最佳订货次数：$N^* = D/Q^*$

每年最佳订货周期：$t^* = 1/N^*$

经济批量占用资金：$I^* = Q^*/2 \times U$

订货变动成本 $= (D/Q^*) \times K$

储存变动成本 $= (Q^*/2) \times K_c$

相关总成本：$TC(Q^*) = (D/Q^*) \times K + (Q^*/2) \times K_c$
$$= Q^* \times K_c$$

总成本：$TC = TC(Q^*) + F_1 + F_2$

由此可见，相关总成本的计算是经济订货量的关键；要注意区分相关总成本与总成本。

如果不同方案存货的售价不同，应该借鉴应收账款决策表 3-1 的思路，通过计算税前损益进行决策。

【例题 3-3】 某商店拟放弃现在经营的商品 A，改为经营商品 B，有关的数据资料如下。

(1) A 的年销售量 3,600 件，进货单价 60 元，售价 100 元，单位储存成本 5 元，一次订货成本 250 元。

(2) B 的预计年销售量 4,000 件，进货单价 500 元，售价 540 元，单位储存成本 10 元，一次订货成本 288 元。

(3) 该商店按经济订货量进货，假设需求均匀、销售无季节性变化。

(4) 假设该商店投资所要求的报酬率为 18%，不考虑所得税的影响。

该商店对应否调整经营的品种的决策过程如下。

（1）收益的增量

＝（540－500）×4,000－（100－60）×3,600＝16,000（元）

（2）相关总成本的增加

A 方案：$TC(Q) = \dfrac{3,600}{Q} \times 250 + \dfrac{Q}{2} \times 5$

$$Q^* = \sqrt{\dfrac{2 \times 3,600 \times 250}{5}} = 600（件）$$

B 方案：$TC(Q) = \dfrac{4,000}{Q} \times 288 + \dfrac{Q}{2} \times 10$

$$Q^* = \sqrt{\dfrac{2 \times 4,000 \times 288}{10}} = 480（件）$$

相关总成本的增加 $= \left(\dfrac{4,000}{480} \times 288 + \dfrac{480}{2} \times 10 \right) -$

$$\left(\dfrac{3,600}{600} \times 250 + \dfrac{600}{2} \times 5 \right)$$

$$= 1,800（元）$$

（3）税前损益的增加＝16,000－1,800＝14,200 元，由于大于 0，相关故应调整。

小贴士

本题的存货资金占用的利息变化应该包括在变动储存成本中，如果没有包括在内，那么 A 方案的单位变动储存成本应该是 5＋60×18％；此时相关总成本为：

$$TC(Q) = \dfrac{3,600}{Q} \times 250 + \dfrac{Q}{2} \times (5 + 60 \times 18\%)$$

同时经济批量和相关总成本也会变化，B 方案同样如此。

---

2. 基本模型的扩展：陆续到货和使用

基本模型假设②假定存货集中到货而不是陆续入库。现实生活中，产成品等各批存货可能是陆续入库和陆续耗用。在这种情况下，对基本模型进行修正。除了假设②改为陆续到货和使用外，在其他假设不变前提下，根据前述储备存货的成本分析计算。

陆续到货和使用模式下，总成本为：

$$TC = F_1 + (D/Q) \times K + F_2 + (Q/2) \times (1 - d/p) \times K_c$$

与每次进货批量相关总成本为：

$$TC(Q) = (D/Q) \times K + (Q/2) \times (1 - d/p) \times K_c$$

在订货变动成本与储存变动成本相等时，$TC(Q)$ 有最小值，故存货陆续到货和使用的经济批量公式为：

$$Q^* = \sqrt{\frac{2KD}{K_c} \times \frac{p}{p - d}}$$

同理，然后将 Q^* 代入入相关总成本计算公式中，即可计算出：每年最佳订货次数（N^*）、每年最佳订货周期（t^*）、经济批量占用资金 $[I^* = Q^*/2 \times (1 - d/p) \times U]$、订货变动成本、储存变动成本、相关总成本 $TC(Q^*)$、总成本（TC）等。

【例题3-4】 某公司生产中使用的甲标准件，全年共需耗用9,000件，该标准件通过自制方式取得。其日产量50件，单位生产成本50元；每次生产准备成本200元，固定生产准备成本每年10,000元；储存变动成本每件5元，固定储存成本每年20,000元。假设一年按360天计算。

先计算每日耗用量 $d = 9,000/360 = 25$（件）

相关总成本为：

$$TC(Q) = \frac{9,000}{Q} \times 200 + \frac{Q}{2} \times \left(1 - \frac{25}{50}\right) \times 5$$

在经济批量采购时，$\dfrac{9,000}{Q} \times 200 = \dfrac{Q}{2} \times \left(1 - \dfrac{25}{50}\right) \times 5$，因此

$$Q^* = \sqrt{\frac{2 \times 9,000 \times 200}{5} \times \frac{50}{50 - 25}} = 1,200（件）$$

$$N^* = 9,000 \div 1,200 = 7.5（次）$$

$$I^* = \frac{1,200}{2} \times \left(1 - \frac{25}{50}\right) \times 50 = 15,000(元)$$

$$TC(Q^*) = \frac{9,000}{1,200} \times 200 + \frac{1,200}{2} \times \left(1 - \frac{25}{50}\right) \times 5$$

$$= 3,000(元)$$

$$TC = 3,000 + 10,000 + 20,000 = 33,000(元)$$

在货自制和外购决策时，自制零件属于陆续到货和使用的情况，虽然单位生产成本可能较低，但每批零件投产的生产准备成本比一次外购订货的订货成本可能高出许多。外购零件的单位采购成本可能较高，但订货成本可能比较低。在决策时要全面衡量各方案的决策总成本，在自制零件和外购零件之间做出选择。考虑到单位成本的不同，不同的购置成本要作为决策相关成本。此时，如果收入相同，应考虑借鉴前节表 3-2 的思路进行分析。

3. 基本模型的扩展：再订货点与保险储备

基本模型假定企业能够及时补充存货（假设①），而一般情况下，企业的存货不能做到随用随时补充，因此不能等存货无库存后再去订货，而需要在没有用完时提前订货。再订货点（R），指企业在提前订货的情况下，再次发出订货单时，尚有存货的库存量。再订货点的计算公式如下。

（1）需求量确定情况下：$R = Ld$

（2）需求量不确定，但是其概率可以预计时：

$$R = \sum (L_i d_i) P_i$$

式中，L 为交货时间；d 为每日平均耗用（需用）量；P_i 为存货需求量的概率

基本模型假定存货的供需稳定并且能预测（假设③、⑦）。现实中，每日需求量（d）和交货时间（L）都可能发生变化。企业按照某一订货批量（如经济批量）和再订货点发出订单后，如果日需求增大或送货延迟，就会发生缺货或供货中断而给企业造成损

失。保险储备量（B）或安全存量，指企业为了防止缺货损失的发生，而多储备以备应急之需的存货量。只有当存货过量使用或送货延迟时才会动用保险储备，因此保险储备才会动用。建立保险储备，一方面可以使企业避免缺货造成的损失，另一方面，由于增加了储备使得企业的储存成本升高。通过计算不同保险储备方案的缺货相关总成本（缺货成本和储备成本之和），选择相关总成本最低的方案，以确定合理的保险储备量。考虑保险储备后，再订货点的计算公式为：

（1）需求量确定情况下：$R = Ld + B$

（2）需求量不确定，但是其概率可以预计时：$R = \sum (L_i d_i) P_i + B$

根据计算出的再订货点，可以计算某情景下的一次订货的缺货量（S），其计算公式为：

（1）需求量确定情况下：$S = L_i d_i - R$

（2）需求量不确定，但是其概率可以预计时：$S = \sum (L_i d_i - R) P_i$

式中，$L_i d_i - R > 0$；如果 $L_i d_i - R < 0$ 则为超储。

计算出缺货量后，就可计算缺货相关总成本，计算公式如下：

$$TC(S, B) = C_S + C_B = K_u (S \times N) + B \times K_c$$

式中，C_S 为缺货成本；C_B 为保险储备成本；K_u 为单位缺货成本；N 为年订货次数；$S \times N$ 为年缺货量。

考虑保险储备后，存货占用资金公式如下。

集中到货模式：$\left(\dfrac{Q^*}{2} + B \right) U$

陆续到货和使用模式：$\left(\dfrac{Q^*}{2} \cdot \dfrac{p-d}{p} + B \right) U$

【例题 3-5】 甲公司是一家机械加工企业，产品生产需要某种材料，年需求量为 720 吨（一年按 360 天计算）。该公司材料采购实行供应商招标制度，年初选定供应商并确定材料价格，供应商根据甲公司指令发货，运输费由甲公司承担。目前有两个供应商方案可供选择，相关资料如下。

方案一：选择 A 供应商，材料价格为每吨 3,000 元，每吨运费 100 元，每次订货还需支付返空、路桥等固定运费 500 元。材料集中到货，正常情况下从订货至到货需要 10 天，正常到货的概率为 50%，延迟 1 天到货的概率为 30%，延迟 2 天到货的概率为 20%。当材料缺货时，每吨缺货成本为 50 元。如果设置保险储备，以一天的材料消耗量为最小单位。材料单位储存成本为 200 元/年。

方案二：选择当地 B 供应商，材料价格为每吨 3,300 元，每吨运费 20 元，每次订货还需支付固定运费 100 元。材料在甲公司指令发出当天即可送达，但每日最大送货量为 10 吨。材料单位储存成本为 200 元/年。

由于：$d = 720/360 = 2$（吨）

（1）方案一

$$TC(Q) = \frac{720}{Q} \times 500 + \frac{Q}{2} \times 200$$

$$Q^* = \sqrt{\frac{2 \times 500 \times 720}{200}} = 60（吨）$$

$$N^* = 720 \div 60 = 12（次）$$

$$TC(Q^*) = \frac{720}{60} \times 500 + \frac{60}{2} \times 200 = 12,000（元）$$

① 不设置保险储备时

$B = 0$

$S_0 = (2 \times 1 \times 30\% + 2 \times 2 \times 20\%) = 1.4（吨）$

$TC(S, B) = 50 \times 1.4 \times 12 + 0 = 840（元）$

② 设置 2 吨的保险储备时

$S_2 = 2 \times 1 \times 20\% = 0.4（吨）$

$$TC(S,B)=50\times0.4\times12+2\times200=640(元)$$

③ 设置 4 吨的保险储备时

$$S_4=0(吨)$$

$$TC(S,B)=50\times0\times12+4\times200=800(元)$$

经比较，设置 2 吨保险储备时的 $TC(S，B)$，应设置 2 吨的保险储备。

$$TC=720\times(3,000+100)+12,000+640=2,244,640(元)$$

（2）方案二

$$TC(Q)=\frac{720}{Q}\times100+\frac{Q}{2}\times\frac{10-2}{10}\times200$$

$$Q^*=\sqrt{\frac{2\times100\times720}{200}\times\frac{10}{10-2}}=30(吨)$$

$$TC(Q*)=\frac{720}{30}\times100+\frac{30}{2}\times\frac{10-2}{10}\times200=4,800(元)$$

$$TC=720\times(3,300+20)+4,800=2,395,200(元)$$

（3）由于方案一的总成本低于方案二的总成本，所以应当选择方案一。

【例题 3-6】 C 公司生产中使用的甲零件，全年共需耗用 3,600 件，该零件既可自行制造也可外购取得。

如果自制，单位制造成本为 10 元，每生产准备成本 34.375 元，每日生产量 32 件。

如果外购，购入单价为 9.8 元，从发出订单到货物到达需要 10 天时间，一次订货成本 72 元。外购零件时可能发生延迟交货，延迟的时间和概率见表 3-4。

表 3-4　到货延迟天数及其概率分布

到货延迟天数	0	1	2	3
概率	0.6	0.25	0.1	0.05

假设该零件的单位储存变动成本为 4 元，单位缺货成本为 5 元，一年按 360 天计算。建立保险储备时，最小增量为 10 件。

解题思路如下。

（1）不考虑缺货情况

自制方案：

① 制造成本＝10×3,600＝36,000（元）

② $d=3,600 \div 360 = 10$（件）

$$TC(Q) = \frac{3,600}{Q} \times 34.375 + \frac{Q}{2} \times \left(1 - \frac{10}{32}\right) \times 4$$

$$Q^* = \sqrt{\frac{2 \times 34.375 \times 3,600}{4} \times \frac{32}{32-10}} = 300（件），$$

$$TC(Q^*) = \frac{3,600}{300} \times 34.375 + \frac{300}{2} \times \left(1 - \frac{10}{32}\right) \times 4 = 825（元）$$

③ $TC = 36,000 + 825 = 36,825$（元）

外购方案：

① 购置成本＝9.8×3,600＝35,280（元）

② $TC(Q) = \frac{3,600}{Q} \times 72 + \frac{Q}{2} \times 4$

$$Q^* = \sqrt{\frac{2 \times 72 \times 3,600}{4}} = 360（件）$$

$$TC(Q^*) = \frac{3,600}{360} \times 72 + \frac{360}{2} \times 4 = 1,440（元）$$

③ $TC = 35,280 + 1,440 = 36,720$（元）

因为外购总成本小于自制总成本，所以外购方案成本低。

（2）考虑缺货情况

外购方案：考虑缺货时要建立保险储备

① 不设置保险，即 $B=0$，$d=10$（件）

$S_0 = 1 \times 10 \times 0.25 + 2 \times 10 \times 0.1 + 3 \times 10 \times 0.05 = 6$（件）

年最佳订货次数 $N^* = 3,600 \div 360 = 10$（次）

$TC(S, B) = 5 \times (6 \times 10) + 0 \times 4 = 300(元)$

② 设 $B = 10(件)$

$S_{10} = (2 \times 10 - 10) \times 0.1 + (3 \times 10 - 10) \times 0.05 = 2(件)$

$TC(S, B) = 5 \times (2 \times 10) + 10 \times 4 = 140(元)$

③ 设 $B = 20(件)$

$S_{10} = (3 \times 10 - 20) \times 0.05 = 0.5(件)$

$TC(S, B) = 5 \times (0.5 \times 10) + 20 \times 4 = 105(元)$

④ $B = 30(件)$

$S_{10} = 0(件)$

$TC(S, B) = 5 \times (0 \times 10) + 30 \times 4 = 120(元)$

因此，确定的合理保险储备量为 20 件，此时 $TC(S, B) = 105(元)$

外购方案的 $TC = 36,720 + 105 = 36,825(元)$

考虑缺货，C 公司自制与外购方案相同。

第四章

财务报表分析

　　基于不同的信息使用者的决策需求，通过系统与有效的财务分析，将财务报表数据转换为决策有用的信息，帮助信息使用者改善决策是财务报表分析的目的。财务报表分析涉及许多财务比率，除比率分析法外，经常采用杜邦分析体系等综合评价方法。

基本财务比率分析

财务报表中相关的大量数据，通过比率分析的计算将涉及财务活动的各个方面内容转化为相对简单的财务比率。财务比率的计算和分析方法，是财务管理的核心内容，是财务预测的基础，相关财务比率为相对价值法长期财务决策内容奠定了基础。由于财务比率分析的数据来源于资产负债表、利润表、现金流量表和股东权益变动表等财务报表，因此在具体进行分析时要注意报表的局限性问题。通过将计算出的财务比率与相关基准值比较，可以为相关决策提供更为有用的帮助。

一、短期偿债能力比率

保持适当的偿债能力对企业来说具有十分重要意义。对于债权人来说，企业偿债能力不足可能导致他们无法及时、足额收回债权本息。对股东来说，不能及时偿债可能导致企业破产，但是为保持短期偿债能力而提高流动性必然会降低盈利性，因此股东希望企业权衡收益和风险，保持适当的偿债能力。对企业的供应商和消费者来说，企业短期偿债能力不足意味着企业履行合同的能力较差。企业如果无力履行合同，供应商和消费者的利益也将受到损害。

偿债能力按其到期时间的长短，分为短期偿债能力和长期偿债能力。

1. 净营运资本

净营运资本是指流动资产超过流动负债的部分，计算公式如下。

净营运资本＝流动资产－流动负债

＝（股东权益＋非流动负债)－非流动资产

＝长期资本－长期资产

净营运资本的数额越大，短期偿债能力越强，财务状况越稳定。由于净营运资本是绝对数，不便于不同企业之间比较，因此在实物中很少直接使用营运资本作为偿债能力指标。

2. 流动比率

流动比率是流动资产与流动负债的比值，计算公式如下。

流动比率＝流动资产÷流动负债

该比率，表明每1元流动负债有多少流动资产作为偿债保障。因其是相对数，排除了企业规模不同的影响，更适合同业比较以及本企业不同历史时期的比较。不同行业、不同营业周期的企业流动比率由明显的差异，不存在统一的、适用于任何企业的流动比率标准数。一般情况下，营业周期、存货和应收账款周转速度是影响流动比率的主要因素。

使用流动比率指标进行相关分析时有某些局限：有些流动资产的账面金额与变现金额有较大差异，如产成品等；经营性流动资产是企业持续经营所必需的，不能全部用于偿债；经营性应付项目可以滚动存续，无需动用现金全部结清。

3. 速动比率

速动资产与流动负债的比值，称为速动比率，其计算公式为：

速动比率＝速动资产÷流动负债

＝（流动资产－非速动资产）÷流动负债

其中，非速动资产包括存货、预付账款、待摊费用、1年内到期的非流动资产及其他流动资产等。计算速动比率时将存货视为非速动资产，主要原因是：①存货的变现速度比应收款项要慢得多；②部分存货可能已被抵押给债权人；③不同的估价方法，成本价与变现净额可能存在差异。由于预付账款往往收回的是存货，因此预付账款也往往视为非速动资产。

一般情况下，速动比率越大，短期偿债能力越强。应收账款的多少是影响速速动比率的一个重要因素。例如，大量现金结算的企业，几乎没有应收款项，速动比率可能会低于1；大量采用赊销的企业由于应收款项较多的企业，速动比率可能要大于1。应收款项的变现能力成为影响速动比率可信性的重要因素。应收款项的账面金额不一定都能转化为现金，季节性经营的企业，某时点报表上的应收款项金额不能客观反映其短期偿债能力水平。因此需要考虑行业的差异。

4. 现金比率

速动资产中货币资金、交易性金融资产等资产的流动性最强、可直接用于偿债，这些资产称为现金资产。现金比率是现金资产与流动负债的比值，其计算公式如下。

现金比率＝（货币资金＋交易性金融资产）÷流动负债

现金比率表明1元流动负债有多少现金资产作为偿债保障。

5. 现金流量比率

现金流量比率是指经营活动现金流量净额与流动负债的比值。

现金流量比率＝经营活动现金流量净额÷流动负债

其中经营活动现金流量净额通常使用现金流量表中的经营活动产生的现金流量净额。它代表企业自发创造现金的能力，是可以用来偿债的现金流量。

由于实际需要偿还的是负债的期末金额而非期初与期末的平均金额，以现金流量与债务计算相关比率时，公式中相关的负债通常使用资产负债表中的期末数而非平均数。

现金流量比率表明每1元流动负债的经营活动现金流量保障程度。该比率越高，偿债能力越强。

此外还有一些表外因素也会影响企业的短期偿债能力。例如：

可动用的银行贷款额度、准备很快变现的非流动资产、企业的信用记录、与担保有关的或有负债和合同中的承诺事项等。财务报表分析人员应尽可能了解这方面的信息，以做出正确判断。

二、长期偿债能力

衡量企业长期偿债能力的比率包括以下几项内容。

1. 资产负债率

资产负债率是负债总额占资产总额的百分比，其计算公式如下。

$$资产负债率＝(总负债÷总资产)×100\%$$

资产负债率可以衡量企业清算时对债权人利益的保护程度。资产负债率越低，企业偿债越有保证，债权人的债权越安全。资产负债率代表了企业的举债能力，资产负债率越低，企业越容易通过债权融资。

不同利益主体对资产负债率高低的看法不完全相同。从债权人角度来看，资产负债率越低，其债权越安全；股东往往认为，在总资产净利率大于借款利率时，提高资产负债率，可以通过负债的杠杆作用，提高权益净利率；而经营者在进行负债决策时，要在进行相关的风险和收益的权衡，较高的资产负债率意味着能够充分发挥财务杠杆作用给股东带来更多的收益，但是财务风险往往也较大。当负债增加的收益能够涵盖其增加的风险时，经营者才会考虑借入负债。在具体分析资产负债率时，应结合企业的行业、营业周期和具体的负债结构。

2. 产权比率和权益乘数

产权比率和权益乘数是资产负债率的另外两种表现形式。产权比率是负债总额与股东权益的比值；权益乘数是资产总额与股东权益的比值。其计算公式如下。

产权比率＝负债÷股东权益

权益乘数＝资产÷股东权益

产权比率反映了企业资本中债务人提供的资本与股东提供的资本的相对关系，及企业的产权结构。权益乘数表明每1元股东权益拥有或控制的资产额。产权比率越低，权益乘数越低，表明企业长期偿债能力越强，债权人权益保障程度越高。作为两种常用的财务杠杆比率，除了与偿债能力有关外；还与盈利能力有关，产权比率和权益乘数的高低还表明权益净利率风险的高低。

资产负债率、产权比率和权益乘数体现了资产负债表总体结构关系，由于"资产＝负债＋股东权益"，因此这三个比率的相互关系如下。

（1）资产负债率×权益乘数＝产权比率

（2）权益乘数－产权比率＝1，即：权益乘数＝1＋产权比率

（3）1/权益乘数＋资产负债率＝1，即：权益乘数＝1/(1-资产负债率)

3. 长期资本负债率

长期资本负债率是指非流动负债占长期资本（非流动资产与股东权益）的百分比，其计算公式如下。

长期资本负债率＝［非流动负债÷（非流动负债＋

股东权益)］×100％

该比率常用以反映企业长期资本结构。

4. 利息保障倍数

利息保障倍数又称已获利息倍数，是指息税前利润对应付利息费用的倍数。其计算公式如下。

利息保障倍数＝息税前利润÷应付利息

＝(净利润＋利息费用＋所得税费用)÷应付利息

公式中分母的"应计利息"是企业本期应支付的全部利息费

用，既包括计入利润表财务费用项目的利息费用，又包括计入资产负债表在建工程等项目的资本化利息；分子中的利息费用只是指计入财务费用中的利息费用。只有在没有资本化利息费用或其金额较小的情况下，分子分母的利息计算口径才一致。如果利息费用在财务费用的比重较大，往往以财务费用来代表利息费用。

利息保障倍数表明每1元债务利息有多少倍的息税前利润作保障，该比率越大，企业拥有的偿还利息的缓冲资金越多，利息支付越有保障，企业的长期偿债能力就越强。如果企业长期的利息保障倍数小于或等于1，表明企业自身的经营收益不能支持现有的债务规模，企业将面临偿债安全性与稳定性下降的风险。一般需要比较企业多期的利息保障倍数，来分析企业付息能力的稳定性。

5. 现金流量利息保障倍数

现金流量利息保障倍数，是指经营活动现金流量对应付利息的倍数。其计算公式如下：

现金流量利息保障倍数＝经营活动现金流量÷利息费用

现金流量利息保障倍数表明每1元应付利息有多少倍的经营活动现金流量作保障。它比利润基础的利息保障倍数更可靠，因为企业实际用以支付应付利息的是现金，而不是息税前利润。

6. 现金流量债务比

现金流量债务比，是指经营活动现金流量与债务总额的比率。其计算公式如下。

经营现金流量债务比＝(经营活动现金流量÷债务总额)×100%

该比率越高，偿还债务总额的能力越强。

此外，经营租赁、长期债务担保、未决诉讼等表外因素也会影响企业长期偿债能力。

三、营运能力比率

营运能力比率是衡量企业资产管理效率的财务比率。常见的有应收账款周转率、存货周转率、流动资产周转率、非流动资产周转率和总资产周转率等。每项资产周转率指标具体包括三种表示形式：资产周转次数、资产周转天数和资产与收入比。其中最重要的指标是资产周转次数，资产周转天数＝365/资产周转次数；资产与收入比＝1/资产周转次数。下面主要介绍各项资产周转次数。

1. 应收账款周转次数

应收账款周转次数是销售收入与应收账款的比率。其计算公式如下。

应收账款周转次数＝销售收入÷应收账款

应收账款周转次数，表明每1元应收账款投资支持的销售收入。通常情况下，应收账款周转次数越高、周转天数越少表明企业应收账款管理效率越高。应结合企业的信用政策来综合分析应收账款的周转次数与周转天数，不能笼统认为应收账款周转天数越少越好。

由于计算各项资产营运能力比率时，分子与分母的相关数据分别来自利润表的销售收入等流量数据（存货周转率还可能涉及销售成本）和资产负债表的某资产项目等存量数据，此时存量数据通常需要计算该期间的平均值，以增强数据的代表性。具体计算时，一般采用年末与年初的平均值；对于季节性生产企业，应采用各月的平均值，以消除年末数据的特殊性。在简化计算时，往往直接采用期末数。因此，除简化计算外，上述公式中的应收账款往往是计算期间的平均应收账款。在具体采集数据时，要考虑会计核算的对应账户数据的关联性问题。如应收账款是否是扣除坏账准备后的净额？与销售收入对的应收账款是未计提坏账准备的账户金额而非报表列示的净额，因此，在坏账准备金额较大时，要利用报表附注中应收账款减值准备数据进行相应的调整。同理，与应收账款对应的是赊销额，而非全部销售收入，如果现销比例较大且不稳定时，采用赊销额计算的应收账款周转次数更可靠。但是在与其他企业横向比较时，涉及赊销比例数据来源问题。另外应收票据是赊销形成的应收款项的另一种形式，某些行业应收票据金额较大时，因此可以计算应收账款及应收票据周转次数。

2. 存货周转次数

存货周转次数是销售成本（或销售收入）与存货的比率。其计算公式如下。

$$存货周转次数＝销售成本（或销售收入）÷存货$$

计算存货周转次数时，使用销售收入还是销售成本作为周转额要看分析的目的：分析短期偿债能力和分解总资产周转率时用销售收入；评估存货管理业绩用销售成本。存货周转次数是衡量和评价企业采购、生产和销售各环节管理效率的综合指标。一般来说，存货周转次数越多、周转天数越少说明存货周转速度越快，存货转化为现金或应收账款的可能性越大，但是存货周转天数不是越低越好，过少的存货不能满足流转的需要，应结合特定的经营情况寻找最佳的存货持有水平；同时，在具体分析时应结合企业的行业特征、应收账款周转情况及信用政策、存货的具体结构进行分析。

3. 流动资产周转次数

流动资产周转次数是销售收入与流动资产的比率。其计算公式如下。

$$流动资产周转次数＝销售收入÷流动资产$$

通常，流动资产中应收账款和存货占绝大部分，因此它们的周转状况对流动资产周转具有决定性影响。在一定时期，流动资产周转次数越多、周转天数越少，表明相同的流动资产完成的周转额越多，流动资产的利用效果越好。

4. 非流动资产周转次数

非流动资产周转次数是销售收入与非流动资产的比率。其计算公式如下。

非流动资产周转次数＝销售收入÷非流动资产

非流动资产周转次数越多、周转天数越少，反映非流动资产的管理效率越高。应结合固定资产等投资预算和项目管理进行分析。

5. 总资产周转次数

总资产周转率是销售收入与总资产的比率。

总资产周转次数＝销售收入÷总资产

总资产周转次数反映了企业资产整体的使用效率，由于总资产由各项资产组成，而各项资产周转次数之和不等于总资产周转次数，采用因素分析法对资产周转进行驱动因素分析，通常使用"资产周转天数"或"资产与收入比"指标，不使用"资产周转次数"。

四、盈利能力比率

1. 销售净利率

销售净利率又称净利率，是指净利润与销售收入的比率。

销售净利率＝（净利润÷销售收入）×100％

销售净利率可以概括企业的全部经营成果，表明每1元销售收入最终赚取了多少利润。该比率越大，企业的最终盈利能力越强。

2. 总资产净利率

总资产净利率是指净利润与资产总额的比率，它反映每1元资产创造的净利润。

资产净利率＝（净利润÷资产）×100％

资产净利率反映了企业资产的盈利能力，是企业盈利能力的关键。总资产净利率越高，表明企业资产的利用效果越好。虽然股东报酬由资产净利率和财务杠杆共同决定，但提高财务杠杆会同时增加企业风险。

3. 权益净利率

权益净利率是净利润与股东权益的比率，它反映每1元股东资本赚取的净利润，可以衡量企业资本经营的盈利能力。

$$权益净利率＝(净利润÷股东权益)×100％$$

五、市价比率

1. 市盈（比）率

市盈率是指普通股每股市价与每股收益的比率，表明普通股股东愿意为每1元净收益支付的股票价格。

$$市盈率＝每股市价÷每股收益$$

该指标反映了投资者对公司未来前景的预期，相当于每股收益的资本化。该指标的高低反映了市场上投资者对股票投资收益和投资风险的预期。市盈率越高，意味着投资者对股票的收益预期越看好，投资价值越高，为一定的净收益需要支付更高的价格，投资风险越高。

2. 市净（比）率

市净率是指普通股每股市价与每股净资产的比率，它反映普通股股东为每1元净资产支付的价格。

$$市净率＝每股市价÷每股净资产$$

市净率是投资者分析个股是否具有投资价值的常用工具。一般情况下，市净率低的股票，投资价值高，但有时较低的市净率反映的可能是投资者对公司前景的不良预期。因此，在对个股投资分析时，要综合考虑市场环境、公司经营现状、资产与收益质量等。

3. 市销（比）率

市销率也称收入乘数，是指普通股每股市价与每股销售收入的比率，它反映普通股股东愿意为每1元销售收入支付的价格。

市销率＝每股市价÷每股销售收入

第二节 财务分析体系

一、传统杜邦分析体系

杜邦分析体系，又称杜邦财务分析体系，是利用各主要财务比率之间的 内在联系，对企业财务状况和经营成果进行综合系统评价的方法。该体系是以权益净利率为起点，以总资产净利率和权益乘数为分支，重点揭示企业获利能力及权益乘数对权益净利率的影响，以及各相关指标间的相互作用关系。权益净利率是分析体系的核心比率，具有很好的可比性和很强的综合性。

杜邦分析体系将权益净利率分解为：销售净利率、总资产周转次数、权益乘数三个驱动因素，相关分析框架与指标关系如图 4-1 所示。其中，销售净利率是利润表的全部经营成果的概括；权益乘数是资产负债表基本的财务状况的概括；总资产周转次数把利润表和资产负债表联系起来，使权益净利率可以综合整个企业经营活动和财务活动业绩。其分析关系式如下。

权益净利率＝销售净利率×总资产周转次数×权益乘数

＝总资产净利率×权益乘数

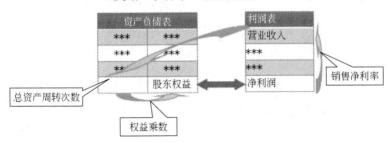

图 4-1　杜邦分析体系框架与相关指标

根据权益净利率与销售净利率等三个驱动因素的关系，可以借助因素分析法，从数量上确定各因素对权益净利率的影响程度。

【例题 4-1】 A 公司最近两年的财务报表数据摘要如下表（单位：万元）。

资产负债表项目	本年年末	上年年末	利润表	本年	上年
资产总计	60,000	12,500	营业收入	30,000	10,000
股东权益合计	15,000	10,000	净利润	1,200	1,000

根据相关数据，计算的相关指标如下。

相关指标	本年	上年	变动
销售净利率	$1,200/30,000 \times 100\% = 4\%$	$1,000/10,000 \times 100\% = 10\%$	-6%
总资产周转次数	$30,000/60,000 = 0.5$（次）	$10,000/12,500 = 0.8$（次）	-0.3
权益乘数	$60,000/15,000 = 4$	$12,500/10,000 = 1.25$	2.75
权益净利率	$1,200/15,000 \times 100\% = 8\%$	$1,000/10,000 \times 100\% = 10\%$	-2%
总资产净利率	$1,200/60,000 \times 100\% = 2\%$	$1,000/12,500 \times 100\% = 8\%$	-6%

运用因素分析法分析定量分析各因素变化对权益净利率的影响。

上年权益净利率 $= 10\%$ $\times 0.8$ $\times 1.25$

本年权益净利率 $= 4\%$ $\times 0.5$ $\times 1.25$

权益净利率的变动 $= 8\% - 10\% = -2\%$

其中：销售净利率下降的影响 $= (4\% - 10\%) \times 0.8 \times 1.25 = -6\%$

总资产周转次数下降的影响 $= 4\% \times (0.5 - 0.8) \times 1.25 = -1.5\%$

权益乘数增加的影响＝4％×0.5×（4－1.25）＝5.5％

说明权益净利率的下降主要是由销售净利率的下降引起的。

同理，总资产净利率的变动＝2％－8％＝－6％

其中：销售净利率下降的影响＝（4％－10％）×0.8＝－4.8％

总资产周转次数下降的影响＝4％×（0.5－0.8）＝－1.2％

净利润的变动额＝1,200－1,000＝200（万元）

净利润＝股东权益×权益净利率

其中：股东权益增加对净利润的影响＝（15,000－10,000）×

10％＝500（万元）

权益净利率下降对净利润的影响＝15,000×（8％－10％）

＝－300（万元）

由此可见，净利润增加缓慢的原因在于权益净利率的下降。

二、管理用财务分析体系

鉴于传统杜邦分析体系存在资产与净利润不匹配、未区分经营活动损益和金融活动损益、没有区分有息负债和无息负债等诸多局限，为适应财务分析与企业内部管理的需要，对传统的财务报表和财务分析体系进行了改进，形成了管理用财务报表和改进的财务分析体系。

1. 管理用财务报表概述

企业的活动有经营与金融之分，其中经营活动包括销售商品或提供劳务等营业活动以及与此有关的生产性资产投资活动，而金融活动包括筹资活动以及多余的现金的利用。企业在资本市场进行金融活动，而在产品和要素市场进行经营活动。显然此处的经营活动包括了企业对外提供现金流量表中的经营活动与生产性资产的投资活动。根据不同的活动，将资产、负债重新划分为经营资产、经营负债以及金融资产、金融负债；净利润分为经营净损益（税后经营净利润）与金融净损益（税后利息费用）；现金流量分为经营现金流量（实体经营的现金流量，简称实体现金流量）、金融现金流量（融资现金流量，包括债务现金流量与股权现金流量两部分）。在此基础上形成了管理用资产负债表、管理用利润表与管理用现金流量表。

金融资产是从资本市场购入的各种金融工具，通常包括带息应收票据、应收利息、交易性金融资产、可供出售金融资产、持有至到期投资、金融资产形成的递延所得税资产等项目；金融负债是公司在债务市场上筹资形成的负债，通常包括带息应付票据、应付利息、短期借款、长期负债、短期应付票据、融资租赁引起的长期应付款、长期借款、应付债券、优先股、金融资产形成的递延所得税负债等。某项不容易区分的项目，往往要借助报表附注或其他披露的信息来判断是否属于金融资产与金融负债。净金融负债（简称净负债）是指企业的金融负债与金融资产之差，体现了企业真正背负的偿债压力。大部分企业是债务市场的净筹资人，其净负债往往大于零。除金融资产、金融负债以外的资产、负债即为经营资产、经营负债。将经营资产与经营负债之差称为净经营资产；经营性流动资产与经营性流动负债之差称为经营营运资本；经营性非流动资产与经营性非流动负债之差称为净经营性长期资产；净负债与股东权益之和称为净投资资本。管理用资产负债表的基本公式如下。

经营营运资本＋净经营性长期资产＝净经营资产＝净负债＋股东权益＝净投资资本

金融损益是指金融负债利息与金融资产收益（包括金融资产的投资收益、金融资产价值变动的损益、金融资产的减值损失等）的差额，即扣除利息收入、公允价值变动收益等以后的利息费用。由于存在所得税费用，应计算该利息费用的税后结果，即净金融损益。经营净损益是指除金融损益以外的当期净损益，即税前经营利润（息税前利润）扣除经营利润所得税后的税后经营净利润。由于国债利息免纳企业所得税等原因，从理论上讲，应该分别根据金融损益、经营损益适用的所得税税率计算应负担的所得税费用。但是，实务中为了简化计算，往往根据企业对外提供的利润表中的所得税费用与利润总额计算出平均所得税税率，分摊计算金融损益、经营损益各自应负担的所得税费用。管理用利润表的基本公式如下。

$$净利润＝税后经营净利润－税后利息费用$$
$$＝息税前利润×(1－所得税税率)－$$
$$利息费用×(1－所得税税率)$$

由于管理用现金流量表主要用于企业价值评估中现金流量的预测，相关内容见本书第八章。

2. 改进的财务分析体系

根据管理用资产负债表、利润表，改进的财务分析体系基本框架及相关指标如图4-2所示。

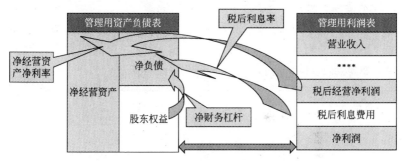

图 4-2　改进的财务分析体系框架与相关指标

该体系的核心公式如下。

$$权益净利率＝净经营资产净利率＋(净经营资产净利率－$$
$$税后利息率)×净财务杠杆$$
$$＝净经营资产净利率＋经营差异率×净财务杠杆$$
$$＝净经营资产净利率＋杠杆贡献率$$

其中:净经营资产净利率＝税后经营净利润/净经营资产

税后利息率＝税后利息费用/净负债

净财务杠杆＝净负债/股东权益

经营差异率＝净经营资产净利率－税后利息率

杠杆贡献率＝经营差异率×净财务杠杆

与杜邦分析体系类似，将净经营资产净利率进一步分解为税后经营净利率和净经营资产周转次数两个驱动因素的乘积。

税后经营净利率＝税后经营净利润/销售收入

净经营资产周转次数＝销售收入/净经营资产

权益净利率的高低取决于三个驱动因素：净经营资产净利率、税后利息率和净财务杠杆。净经营资产净利率越高，税后利息率越低，经营差异率越高，从增加股东报酬来看，净经营资产净利率是企业可以承担的借款税后利息率的上限；如果经营差异率为正，借款可以增加股东报酬。如果经营差异率不能提高，依靠提高净财务杠杆来增加杠杆贡献率是有限度的。

【例题 4-2】 B 公司采用管理用财务报表分析体系进行权益净利率的行业平均水平差异分析。该公司 2013 年主要的管理用财务报表数据如下（单位：万元）。

资产负债表项目	年末	利润表项目	本年
净经营资产	1,000	销售收入	3,000
净负债	200	税后经营净利润	180
股东权益	800	减:税后利息费用	12
		净利润	168

收集得该年行业平均财务比率数据与计算的该公司相关财务比率如下。

财务比率	净经营资产净利率	税后利息率	经营差异率	净财务杠杆	杠杆贡献率	权益净利率
行业平均	20%	5%	15%	0.4	6%	26%
B公司	18%	6%	12%	0.25	3%	21%

该公司与行业平均权益净利率的差异=21%-26%=-5%

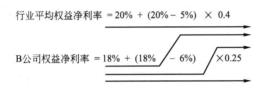

行业平均权益净利率 = 20% + (20% - 5%) × 0.4

B公司权益净利率 = 18% + (18% - 6%) × 0.25

根据因素分析法，分析各驱动因素差异引起的权益净利率差异如下。

影响因素	净经营资产净利率	税后利息率	净财务杠杆	合计差异
权益净利率差异	-2.8%	-0.4%	-1.8%	-5%

注：根据所划线之间的差额即可计算出某因素差异引起的权益净利率差异。如：净经营资产净利率差异引起的权益净利率差异=[18%+(18%-5%)×0.4]-[20%+(20%-5%)×0.4]=-2.8%。

第五章

长期财务决策基础

财务决策是财务管理的核心职能，而财务决策的主要内容是长期决策。长期决策按照内容可以分为长期投资决策、长期筹资决策等。现金流量折现模型是长期投资决策的基本方法，关键现金流量的估算、货币时间价值和风险价值的应用是该模型运用的关键。

货币时间价值，是指当前一定量的货币经历未来一定时间的投资和再投资所增加的价值。货币投入生产经营过程后，其数额随着时间的持续不断增长。随着时间的延续，货币总量在循环和周转中按几何级数增长，使得货币具有时间价值。货币时间价值使得当前持有的货币比未来获得的等量货币具有更高的价值。

一、复利现值与终值

复利，是指每经过一个计息期，要将所产生的利息加入到本金再计算利息，逐期滚算，即"利滚利"。复利下对本金和前期的利息均要计算利息。计息期，是指相邻两次计息的时间间隔，如年、月、日等。除非特别指明，一般情况下计息期为 1 年。

复利分为复利终值和复利现值（图 5-1）。复利终值，是指现在某笔特定资金按复利计算的未来某时点的价值，即是现在的一定本金在未来一定时点按复利计算的本金与利息之和。复利现值是复利终值的对称概念，指未来一定时点的特定资金按复利计算的现在价值，或者说是为取得未来一定本利和在现在所需要投入的本金。

复利终值的计算公式如下。

$$FV = PV(1+i)^n = PV \times (F/P, i, n)$$

式中，FV 为终值；PV 为现值；i 为折现率（或报酬率、利率）、资本差别；n 为复利（计息）期限（期数）；$(F/P, i, n)$ 为复利终值系数，相关数值可以查附表一。

复利现值的计算公式如下。

$$PV = \frac{FV}{(1+i)^n} = FV(1+i) - n = FV \times (P/F, i, n) = PV/(F/P, i, n)$$

式中，$(P/F,i,n)$ 为复利现值系数，相关数值可以查附表二。

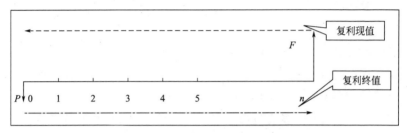

图 5-1　复利终值与复利现值

现实生活中，复利的计息期间不一定是一年，有可能是季度、月份或日。计息期越短，一年中按复利计息的次数就越多，相同的复利现值计算出的复利终值就会越大。如果一年内以年利率 r 复利 m 次，那么 n 年后的复利终值为：

$$FV=PV(1+r/m)^{mn}=PV(1+i)^{mn}=PV(1+EAR)^{m}$$

与以周期利率（i）复利 $m\times t$ 次或以有效年利率（EAR）复利 m 次是等效的。所以：

$$1+EAR=(1+i)^{m}=(1+r/m)^{m}$$

式中，EAR 为有效年利率；r 为名义利率；r/m 为期间利率。

现实生活中，银行等金融机构往往提供的名义利率（也叫报价年利率）（r），同时提供每年的复利次数（或计息期的天数）。对于贷款人来说，往往要按照期间利率（i）计算并支付每期的利息。而为了比较实际负担，贷款人可以通过计算产生相同结果的等价年利率，即有效年利率（EAR）来进行比较。在年计息频率与付息频率相同的情况下，$i=r/m$。在 $m>1$ 时，$EAR>r$，m 越大，两者的差额越大。

当 m 足够大时（如每次复利期间比 1 秒还频繁），复利变为连续复利，其终值计算公式为：

$$FV = PV \times e^{r_c n}$$

式中，r_c 为连续复利率；n 为期间（年）；$e^{r_c n}$ 为连续复利的终值系数。

企业财务管理大多涉及复利现值的计算。从实质上看，复利现值的计算是通过分析相关现金流量分布（$CF_n = FV_n$）求 PV_0；相关系数通过查附表获得，复利终值系数与复利现值系数的关系是：$(F/P, i, n) \times (P/F, i, n) = 1$；通过观察可以发现系数的变化规律为：① $(F/P, i, n) > 1$，随 i 或 n 的变化呈现同向变化；② $(P/F, i, n) < 1$，随 i 或 n 的变化呈现反向变化。

具体进行相关计算中，注意 i 与 n 的匹配问题：如果每期复利 m 次，$i = r/m$，计息期为 nm；i 不应该包含通货膨胀率等影响，如果名义折现率（m）含通货膨胀，应按照下列公式进行调整：

$$(1+i)(1+通货膨胀率) = 1 + m$$

复利的具体运用体现在以下两个方面：① 已知 i 和 n，计算 FV 或 PV；② 已知 P 和 F，求 i 或 n：用插补法（也称内插法、逐步测试法、试误法）。

插补法的原理如下：假设参数（x, y）之间是线性关系，利用相邻的两组参数（x_1, y_1）、（x_3, y_3），测算某组参数（x_2, y_2）中的某个未知参数 x_2；广泛运用于计算折现率（到期收益率、期望收益率、必要收益率、内含报酬率、资本成本）或期数。

x	y
x_1	y_1
$x_2 = ?$	y_2
x_3	y_3

即

$$\frac{x_2 - x_1}{x_3 - x_1} = \frac{y_2 - y_1}{y_3 - y_1} = \frac{y_1 - y_2}{y_1 - y_3}$$

$$x_2 = x_1 + \frac{y_2 - y_1}{y_3 - y_1}(x_3 - x_1)$$

二、年金终值和现值

年金，指等额、定期的系列收支。例如，分期付款赊购设备、分期偿还银行等额本息贷款、分期支付工程款等。按照收付时点和方式的不同，分为普通年金、预付年金、递延年金和永续年金等。

1. 普通年金

普通年金（A），又称后付年金，是指各期期末收付的年金。普通年金是各种年金计算的基础。预付年金、递延年金都可转化为普通年金进行相关的计算。普通年金终值是指其最后一次支付时点的本利和；普通年金现值，是指为在每期期末取得相等金额的款项，现在需要投入的金额。普通年金为相关现金流量分布为：$CF_{1\sim n}=A$，如图 5-2 所示。

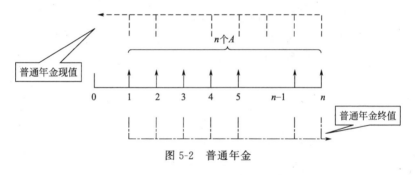

图 5-2　普通年金

如果从未来时点 n 来看，可以把每次收付的普通年金（A）视同为计息期不同的现值，因此，普通年金终值是期限不同的各期普通年金的复利终值之和，其计算公式为：

$$FV_n=A\times\frac{(1+i)^n-1}{i}=\sum_{t=1}^{n-1}A(1+i)^t=A(F/A,i,n)$$

式中，$(F/A,i,n)$ 为年金终值系数，显然，$(F/A,i,n)(A/F,i,n)=1$；$(A/F,i,n)$ 为偿债基金系数。

通过观察附表三所列的年金终值系数，可以发现：除（F/A,

i，1）＝1外；$n>1$，$(F/A，i，n)>1$，并且随 i 或 n 的变化呈现同向变化。

如果从现在（即 0 时点）来看，也可以把每次收付的普通年金（A）视同为计息期不同的终值，普通年金现值是期限不同的各期普通年金的复利现值之和，其计算公式为：

$$PV_0 = A \times \frac{1-(1+i)^{-n}}{i} = \sum_{t=1}^{n} \frac{A}{(1+i)^t} = A(P/A，i，n)$$

式中，$(P/A，i，n)$ 为年金终值系数；显然，$(P/A，i，n)(A/P，i，n)=1$；$(A/P，i，n)$ 为投资回收系数。

通过观察附表四所列的年金现值系数，可以发现：$(P/A，i，1)<1$；（1 时点的 A，1 期的复利现值）$n>1$，$(P/A，i，n)>1$，随 n 呈现同向变化，随 i 反向变化。

普通年金相关的应用包括：① 已知 i，n，A，计算 FV 或 PV；或者已知 i，n，PV 或 FV，计算 A；② 已知 A，PV 或 FV 求 i 或 n：用插补法。在企业财务管理往往较多涉及普通年金现值的计算。

2. 预付年金

预付年金又称即付年金或期初年金，指在每期期初支付的年金。预付年金相关现金流量分布为：$CF_{1\sim n}=A$，如图 5-3 所示。

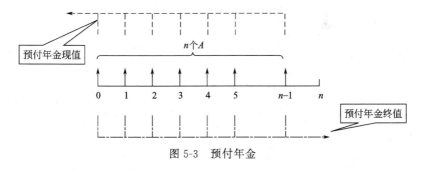

图 5-3　预付年金

与图 5-2 相比，如果从 n 时点来看，预付年金终值既可以视为

$0 \sim n$ 时点共 $n+1$ 期的普通年金终值与 n 时点的复利终值（由于计息期为 0，该时点的复利终值系数为 1）之差，即可以采用割补法计算（如方法一）；也可以先计算 $n-1$ 时点的普通年金终值 FV_{n-1}，再计算 n 时点的复利终值，即采用分步法计算。具体计算思路如下。

方法一：
$$FV_n = A\left[\frac{(1+i)^{n+1}-1}{i} - 1\right] = A\left[(F/A, i, n+1)-1\right]$$

割补法：先补后割，期数加1，而系数减1

方法二：
$$FV_n = \underbrace{A(F/A, i, n)}_{F_{n-1}} (1+i)$$

分步法

如果从 0 时点来看，预付年金现值既可以视为 $1 \sim (n-1)$ 时点共 $(n-1)$ 期的普通年金现值与 0 时点的复利现值（由于计息期为 0，该时点的复利现值系数为 1）之和，即可以采用割补法计算（即下述方法一）；也可以从 0 时点前的 (-1) 时点来看，先计算 (-1) 时点的普通年金终值 PV_{-1}，再计算 0 时点的复利终值，即采用分步法计算（方法二）。具体计算思路如下。

方法一：
$$PV_0 = A\left[\frac{1-(1+i)^{-(n-1)}}{i} + 1\right] = A\left[(P/A, i, n-1)+1\right]$$

割补法：先割后补，期数减1，而系数加1

方法二：
$$PV_0 = \underbrace{A(P/A, i, n)}_{P_{-1}} (1+i)$$

分步法

从上面的计算可以看出，由于预付年金比普通年金从时点上往前了一期，因此预付年金终值和预付年金现值均是在普通年金对应计算基础上乘以 $(1+i)$。

3. 递延年金

递延年金，指第一次支付发生在第二期或第二期以后（$m+1$

时点，$m > 0$）的年金。相关现金流量分布为：$CF_{(m+1) \sim (m+n)} = A$，如图 5-4 所示。

图 5-4　递延年金

　　如果从（$m + n$）时点来看，递延年金终值是 n 个普通年金的复利和，计算方法与普通年金终值相同，$FV_n = A(F/A, i, n)$。

　　与预付年金相似，递延年金现值可以采用分步法：先将普通年金折现到 m 时点，计算 m 点的普通年金现值 PV_m，再将其折现到 0 时点，计算复利现值 PV_0，即下述方法一。也可以采用割补法：把递延年金现值看成是（$m + n$）期普通年金现值与 m 期普通年金现值之差，即下述方法二。具体计算思路如下。

　　方法一：$PV_0 = A(P/A, i, n)\ (P/F, i, m)$　　分步法

　　方法二：$PV_0 = P_{m+n} - P_m = A(P/A, i, m+n) - A(P/A, i, m)$　　割补法：先补后割(m期)

4. 永续年金

　　永续年金，指无限期定额支付的年金。永续年金相关现金流量分布为：$CF_{1 \sim \infty} = A$。由于当 $n \to \infty$，永续年金没有终值；$n \to \infty$ 时，$(1+i)^{-n}$ 的极限为零，永续年金的现值计算公式为：

$$PV_0 = A \cdot \frac{1}{i}$$

　　永续年金广泛用于永久债券估价、零成长股票估价和企业价值等的计算。

5. 增长型年金

增长型年金是以某固定比率（g）增长的年金。增长型年金相关现金流量分布为：$CF_t = A(1+g)^{t-1}$；t 取值范围为 $1 \sim n$。如图 5-5 所示。

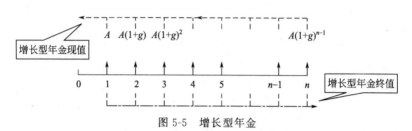

图 5-5　增长型年金

增长型年金现值可以表示为：

$$PV_0 = \frac{A}{1+i} + \frac{A(1+g)}{(1+i)^2} + \cdots + \frac{A(1+g)^{n-1}}{(1+i)^n}$$

增长型年金现值的计算公式为：

$$PV_0 = \frac{A}{i-g}\left\{1 - \left[\frac{(1+g)}{(1+i)}\right]^n\right\}$$

增长型年金终值的计算公式为：

$$PV_0 = \frac{A}{i-g}\left\{1 - \left[\frac{(1+g)}{(1+i)}\right]^n\right\}(1+i)^n$$

6. 增长型永续年金

增长型永续年金是以某固定比率（g）增长的永续年金。增长型永续年金相关现金流量分布为：$CF_t = A(1+g)^{t-1}$；t 取值范围为 $1 \sim \infty$。

在 $i > g$ 的情况下，增长型永续年金现值的计算公式为：

$$PV_0 = \frac{A}{i-g}$$

增长型永续年金现值经常应用于固定增长股票、企业价值评估等的计算。

实际上，企业财务管理对投资估价时经常要计算现值，而相关的现金流量分布可能是一种混合现金流量。在运用货币时间价值时首先要区分是否是连续复利？其次在非连续复利情况下，首先要区分是否是永续年金（或增长型永续年金）？如果是有效期内货币时间价值的计算，要区分是普通年金（预付年金和递延年金会涉及如何转化为普通年金的问题）还是复利。要计算的是现值还是终值。

现金流量折现模型是货币时间价值在企业长期财务决策中的具体运用。任何资产的估值可以看做是其产生的未来现金流量按照匹配的折现率计算的现值。根据货币时间价值的基本原理，现金流量折现模型涉及通过估算折现率计算各种现值（如股票价值、债券价值或发行价格、股权价值、实体价值、投资项目的净现值等），或通过估算现值计算各种折现率（如股票期望收益率、债券收益率、投资项目的内含报酬率等）、期限（如投资项目的折现回收期等）。重点应关注不同投资工具相关现金流量的估算及与其匹配的折现率的估算。

【例题 5-1】 某企业为 5 年后实施的福利项目进行筹资，从现在起连续 5 年每年年底拿出 50 万元进行专项投资，投资报酬率为 10%，该福利项目实施期限为 6 年，每年年初需要支付 100 万元。投资是否够用？如果不够，从第 6 年起追加年 50 万元的投资，应追加几年的投资？

首先，以 5 时点为决策基准点，计算在 5 时点后 6 期福利项目资金需求的现值，由于福利项目每年年初需要支付 10 万元，因此需要计算的是预付年金现值如下。

$$PV_5 = 100 \times [(P/A, 10\%, 5) + 1] = 100 \times (3.7908 + 1) = 479.08(万元)$$

或 $PV_5 = 100 \times (P/A, 10\%, 6)(1 + 10\%) = 100 \times 5.3553 \times 1.1 = 479.08(万元)$

其次，计算在 5 时点前 5 期投资项目资金供给的年金终值为：

$FV_5=50×(F/A,10\%,5)=50×6.1051=305.255(万元)$

由于 $479.08＞305.255$，因此不够。

5 时点资金缺口 $=479.08－305.255=173.825(万元)$

追加投资的年金现值为：$PV_5=50×(P/A,10\%,n)=$
173.825

$(P/A，10\%，n)=3.4765$

n	$(P/A，10\%，n)$
4	3.1699
n	3.4765
5	3.7908

$n=4+\dfrac{3.4765－3.1699}{3.7908－3.1699}=4.49$ （年）

实际上，应该追加 5 年的投资。

第二节 风险及其衡量

　　风险作为基础观念之一在财务管理中的运用非常广泛。一般而言风险被认为是可能对目标的实现产生影响的事情发生的不确定性，以后果与可能性的乘积来衡量。财务管理中风险被限定在与投资收益（或报酬，下同）相关的风险。风险价值主要通过对风险进行计量和定价来研究风险和收益（或对风险性资产估价）的均衡关系，本节介绍了单项资产、投资组合以及充分的投资组合情况下特定的单项风险资产。

一、单项资产的风险与报酬

　　单项资产的风险是指单项资产（往往将"证券"作为"资产"

的代名词，也可以是带来现金流量的生产性实务资产、项目或一个企业，下同）收益的波动性，即预期收益的不确定性，既包括预期收益，也包括预期损失。具体可以分为以下两种情况。

1. 某时点面临多种可能结果单项资产的风险与报酬（横向数据分析）

在某时点（j）某风险资产的实际报酬值（或报酬率，下同）（K_j）可以描述为：

$$K_j = \overline{K} \pm X\sigma$$

式中，$\overline{K}$ 为资产收益的预期值；σ 为资产收益的标准差。

其中：$\overline{K} = \sum K_i \times P_i$

$$\sigma = \sqrt{\sum (K_i - \overline{K})^2 P_i}$$

式中，K_i 为资产收益的某值；P_i 为某资产收益的概率。

资产收益的预期值（$\overline{K}$）是以概率（实质就是一种权重）为权数计算的收益值的加权平均数。表示某特定时点一系列不确定收益值（K_i）的均值，反映了在一系列不确定的收益中最大可能的结果。体现了一系列资产可能收益的集中程度。计算过程中的概率 P_i，表示了风险型事件的可能性，其基本特征：①在 0～1 之间；②$\sum P_i = 1$。如果收益值 N 种可能性的概率分布相同，那么 $P_i = 1/N$，预期值成为资产各种可能收益的简单算术平均数。

资产收益的标准差表示各种可能收益值围绕预期收益的分布情况，体现了一系列可能收益与预期值的离中（离差）程度或变异程度（即波动性），在计量上它是方差的正平方根。方差为每一随机变量取值与其预期值的离差平方之期望值。即：

$$\sigma^2 = \sum (K_i - \overline{K})^2 P_i$$

具体比较时，如果预期值相同，标准差小的方案表示风险小；如果预期值不同，应该计算标准离差率（也称为变化系数、变异系数或标准差系数），即计算标准差和预期值的比率，然后进行比较，其数值小的风险小。标准离差率的计算公式为：

标准离差率＝标准差/预期值

2. 存在历史数据的单项资产的风险和报酬（纵向比较分析）

通过抽样，如果获得了单项资产的收益的 n 个样本历史数据，那么单项资产报酬预期值的计算公式为：

$$\overline{K} = \sum K_i \times 1/n$$

从计算的实质来看，时间序列的预期值计算与上述某时点不同可能性收益的预期值计算思路相同，相当于 $P_i = 1/n$。

而此时，样本标准差的计算公式为：

$$\sigma = \sqrt{\frac{\sum (K_i - \overline{K})^2}{n-1}}$$

一般来说，如果我们应该能够收集所有 N 个总体资料，那么总体标准差的计算公式应该为：

$$\sigma = \sqrt{\frac{\sum (K_i - \overline{K})^2}{N}}$$

实际工作中由于采用抽样的方法，以样本的特征来推测整体的特征，因此计算样本标准差时以自由度 $n-1$ 来替换总体标准差计算公式中的 N，体现差异的个数。在财务管理实务中，由于使用的样本量都很大，区分总体标准差和样本标准差没有什么实际意义。

二、投资组合的风险与报酬

投资者通常不会把全部的资金投放在某一项资产上，而是同时持有多项资产。这种多项资产构成的集合，称为资产组合。如果同时持有的多项资产均为有价证券，可以称为证券资产组合或证券组合。

投资组合理论认为：若干证券（资产）组成的投资组合，其收益是这些资产收益的加权平均数，但是其风险不是这些资产风险的加权平均风险，投资组合能够降低风险（即资产投资组合的风险要 ≤其加权平均数）。

投资组合理论后的风险定义：风险是投资组合的系统风险，既不是指单个资产（即资本市场中的"证券"，下同）的收益变动性，也不是投资组合的收益变动性。由于资产投资组合的相关系数在－1和1之间，因此证券组合的标准差在0和加权平均数之间。

1. 投资组合的预期报酬率

根据投资组合理论，投资组合的预期报酬率计算公式为：

$$R_\mathrm{p} = \sqrt{\sum_{i=1}^{m} R_j \times A_j}$$

式中，R_p 为投资组合的预期报酬率；R_j 为第 j 种证券的预期报酬率；A_j 为第 j 种证券在全部投资额中的比重；m 为组合中的证券种类总数。

从计算的方法看，投资组合的预期报酬率与单项资产的预期值的计算方法没有实质区别。实质上是资产投资组合的各单项资产预期报酬率的加权平均数，不过是以 j 种资产在全部投资所占的比例 A_j 为权数（特例：如果是等比例投资就是其简单算术平均数）。当然，投资组合的各种资产在时点上应当保持一致。

如果无风险资产与风险资产组合，那么组合的总期望报酬率计算公式为：

$$R_\mathrm{p} = Q \times \text{风险组合的期望报酬率} + (1-Q) \times \text{无风险利率}$$

式中，Q 为风险资产组合投资占投资总额的比重；$1-Q$ 为无风险投资占投资总额的比重。

实质也就是把投资组合分为风险组合和无风险资产两类，而无风险投资的报酬率即无风险利率。需要注意的是如果借入资金，Q 可以大于1。

2. 投资组合的标准差

投资组合的标准差计算公式为：

$$\sigma_p = \sqrt{\sum_{j=1}^{m}\sum_{k=1}^{m}A_j A_k \sigma_{jk}} = \sqrt{\sum_{j=1}^{m}\sum_{k=1}^{m}r_{jk}(A_j\sigma_j)(A_k\sigma_k)}$$

式中，m 为组合内证券种类总数；A_j 为第 j 种证券在投资总额中的比例；A_k 为第 k 种证券在投资总额中的比例；σ_{jk} 为第 j 种证券与第 k 种证券报酬率的协方差；r_{jk} 为第 j 种证券与第 k 种证券报酬率的相关系数，$j=k$ 时，$r_{jk}=1$，一般来说 r 的取值范围是 $-1 \leqslant r < 1$。

其中：$\sigma_{jk} = r_{jk}\sigma_j\sigma_k$

$$r_{jk} = \frac{\sum_{i=1}^{n}(x_i - \overline{x}) \times (y_i - \overline{y})}{\sqrt{\sum_{i=1}^{n}(x_i - \overline{x})^2} \times \sqrt{\sum_{i=1}^{n}(y_i - \overline{y})^2}}$$

式中，x_i 为第 j 项资产的 i 时点的报酬率；$\overline{x}$ 为第 j 项资产报酬率的预期值；i 时点的报酬率 y_i 为第 k 项资产的 i 时点的报酬率；$\overline{y}$ 为第 k 项资产报酬率的预期值。

协方差的符号反映了相互组合的资产收益的关系，如果两种资产的收益呈同步变化态势，即在任何一种经济状况下同时上升或下降，其相关系数为正数，协方差为正数；如果两种资产的收益呈非同步变动态势，即在任何一种经济状况下一升一降或一降一升，其相关系数为负数，协方差为负数。事实上，任何经济状况下，如果两种资产的可能收益一般都高于或低于各自的期望收益，表明两种资产的收益呈正相关的关系，结果是协方差为正数；反之，如果一种资产的可能收益高于其期望收益，而另一种低于期望收益时，表明两种资产的收益呈负相关关系，结果协方差为负数，由于 σ_k 是正方根，因此 σ_{jk} 的符号和 r_{jk} 相同。以下是在计算投资组合标准差时常见的几种特殊情况。

（1）两种风险资产的组合：

$$\sigma_{\mathrm{p}}=\sqrt{(A_j\sigma_j)^2+(A_k\sigma_k)^2+2r_{jk}(A_j\sigma_j)(A_k\sigma_k)}$$

（2）风险资产与无风险资产的组合。由于无风险资产的 $\sigma_{\text{无风险}}=0$，因此投资组合的总标准差 $=\pm Q\times\sigma_{\text{风险组合}}$。是（1）的特例，如果 $Q<0$，$\sigma_{\mathrm{p}}=-Q\times\sigma_{\text{风险组合}}$。

（3）两种完全正相关的风险资产组合时，$r_{jk}=1$，资产组合的标准差为：

$$\sigma_{\mathrm{p}}=(A_j\sigma_j)+(A_k\sigma_k)$$

此时，资产组合的标准差等于其加权平均标准差，风险既不扩大也不减少，这种组合情况下的组合标准差最大。由于两种证券组合时，$A_j+A_k=1$，即 $A_j=1-A_k$，因此 $r_{jk}=1$ 时，σ_{p} 与 A_j（或 A_k）呈现直线关系（斜率>0 或 <0，即直线上升或下降都有可能，取决于横坐标是 A_j 还是 A_k），具体见图 5-6(b)。

（4）两种完全负相关的风险资产组合时，$r_{jk}=-1$，资产组合的标准差为：

$$\sigma_{\mathrm{p}}=|A_j\sigma_j-A_k\sigma_k|$$

此时，资产组合的风险被全部抵消，这种组合情况下的组合标准差最小，但是不一定为零。因为涉及有正和负两个根，σ_{p} 与 A_j 或 A_k 呈现折线关系（即两段斜率方向相反的的直线），具体见下述例题 5-2。

（5）两种完全不相关的风险资产组合时，$r_{jk}=0$，组合的标准差为：

$$\sigma_{\mathrm{p}}=\sqrt{(A_j\sigma_j)^2+(A_k\sigma_k)^2}$$

（6）三种资产组合时，资产标准差为：

$$\sigma_{\mathrm{p}}=\sqrt{\begin{array}{l}(A_j\sigma_j)^2+(A_k\sigma_k)^2+(A_1\sigma_1)^2+\\2r_{jk}(A_j\sigma_j)(A_k\sigma_k)+2r_{j1}(A_j\sigma_j)(A_2\sigma_1)+2r_{k1}(A_k\sigma_k)(A_1\sigma_1)\end{array}}$$

当两种证券的相关系数为 1 时，表示一种证券报酬率的增长总是与另一种证券报酬率的增长成比例，反之亦然；当相关系数为 -1

时，表示一种证券报酬率的增长总是与另一种证券报酬率的减少成比例，反之亦然；当相关系数为 0 时，表示缺乏相关性，每种证券的报酬率相对于另外的证券的报酬率独立变动。一般多数证券的报酬率趋于同向变动，因此两种证券之间的相关系数多为小于 1 的正值。

由此可见：证券组合的标准差，并不是单个证券标准差的简单加权平均。证券组合的风险不仅取决于组合内的各证券的风险，还取决于各个证券之间的相关关系（相关系数）。各种股票之间不可能完全正相关，也不可能完全负相关，不同股票的投资组合可以降低风险，但不可能完全消除风险。一般而言，股票的种类越多，风险越小。只要两种证券之间的相关系数小于 1，证券组合报酬率的标准差就小于各证券报酬率标准差的加权平均数。

影响证券组合的标准差不仅取决于单个证券的标准差，而且还取决于证券之间的协方差。随着证券组合中证券个数的增加，协方差项比方差项越来越重要。在 m 种证券的组合中，沿着协方差对角线有 m 项方差项和 (m^2-m) 项协方差。当组合中证券数量较多时，总方差主要取决于各证券间的协方差。当一个组合扩大到能够包含所有证券时，只有协方差是重要的，方差项将变得微不足道。充分投资组合的风险，只受证券之间协方差的影响，而与各证券本身的方差无关。

【例题 5-2】 j、k 证券的预期报酬率分别为 10%、18%；标准差分别为 12% 和 20%；j、k 相关系数为 0.2，绘制以对 k 的投资比例（A_k）为 X 轴、分别以组合期望报酬率 R_p 和组合标准差（σ_p）为 Y 轴的图（图 5-6）。

图 5-6(a) 显示：投资组合的预期报酬率 R_p 随证券 k 的投资比例（A_k）的变化而正比例变化，最高的预期报酬率为 18%（此时 $A_k=1$，$A_j=0$）；最低的预期报酬率为 10%（此时 $A_k=0$，$A_j=1$）；无论 A_k 如何变化，R_p 在图中的直线上。投资组合的预

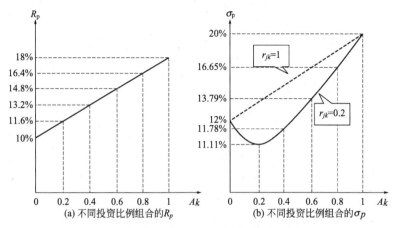

图 5-6　不同投资比例组合的 R_p 和 σ_p

期报酬率 R_p 是 j、k 证券预期报酬率的加权平均数。

图 5-6(b) 显示：最高的标准差为 18％（此时 $A_k = 1$，$A_j = 0$）；最低的预期报酬率＜12％。除 $A_k = 0\%$ 和 $A_k = 100\%$ 两点外，证券组合的标准差线（曲线）在 j、k 证券预期报酬率的加权平均值线（虚线）之下，证券组合的标准差比 j、k 证券预期报酬率的加权平均数要低，说明投资组合分散了部分风险。而当 $r_{jk} = 1$ 时，证券组合的标准差线就是 j、k 证券预期报酬率的加权平均值线（虚线），此时证券组合没有抵消任何风险。无论 $r_{jk} = 0.2$ 还是 $r_{jk} = 1$，$A_k = 1$ 点的 R_p 最高，其 σ_p 也最高，体现了风险与收益对等的原则。$r_{jk} = 0.2$ 时，在 $A_k = 0.2$ 点其风险（σ_p）最低，但是收益不是最低，说明在该点左边的投资时无效的。通过比较图 5-6(b) 所示的 $r_{jk} = 0.2$ 与 $r_{jk} = 0.2$ 两种情况的标准差线，可以发现，r_{jk} 越大，不同资产的风险抵消程度越低。

3. 系统风险与非系统风险

由于单项资产的风险体现在其实际报酬率围绕着预期报酬率的波动程度（标准差）大小来衡量，标准差越大，风险越高。当某项资产纳入由众多资产组成的风险充分分散的资产组合中，投资者关注的是资产组合的收益波动情况（组合的标准差），一项资产的风险可能被另一项（或几项）资产的风险所抵消，对整个资产组合来说，决定其风险的大小的最关键因素是某项资产在组合中对整个资产组合风险的实际贡献大小，即通过有效组合无法在组合内被抵消的风险（系统风险）的大小。

系统风险，又称市场风险或不可分散风险，是指个别资产的风险中无法在资产组合内被分散或抵消掉的风险。系统风险往往与那些影响所有公司的因素有关，也是影响整个资本市场的风险。虽然系统风险所影响的资产非常多，但是对具体资产的影响程度大小是有区别的。有些资产受系统风险的影响程度大一些，有些则小一些。

非系统风险，又称个别风险或可分散风险，是指可以通过多样化投资组合来分散掉的风险。非系统风险往往与发生于个别公司的特有事件有关。一个充分的投资组合几乎没有非系统风险。假设投资人都是理智的，都会选择充分投资组合，非系统风险将与资本市场无关。一项资产的期望报酬率高低取决于该资产的系统风险大小。

三、系统风险的测度与资本资产定价模型

1. β 系数与系统风险

对一个资产组合来说，投资者关心的是组合报酬率及其风险的大小，而不是每项资产的个别风险的大小。因此投资者在考虑是否要把某项新的资产加入到已有的资产组合时所考虑的重点是该资产对资产组合报酬率的总风险的影响（贡献）。

β 系数用来衡量某项资产报酬率变化对市场平均报酬率变化的敏感程度，即某项资产的报酬率与市场组合之间的相关性。用公式表示为：

$$\beta_j = \frac{\text{个别资产中的系统风险贡献}}{\text{系统风险水平}} = \frac{COV(K_j, K_M)}{\sigma_M^2} = \frac{r_{jM}\sigma_j\sigma_M}{\sigma_M^2} = r_{jM}\left(\frac{\sigma_j}{\sigma_M}\right)$$

式中，β_j 为第 j 种资产的 β 系数；$COV(K_j, K_M)$ 为第 j 种资产收益率与市场组合收益率的协方差；r_{jM} 为第 j 种资产的收益率与市场组合收益率的相关系数；σ_j 为第 j 种资产的收益率的标准差；σ_M 为市场组合收益率的标准差；σ_M^2 为市场组合收益率的方差。

显然，某资产的 β 系数的大小取决于该资产与整体市场的相关性、该资产收益率的标准差、整体市场的标准差。作为一个风险的相对测度指标，β 系数反映了相对于市场风险而言的某项资产不可分散的系统风险的大小。某股票的 β 值的大小反映了这种股票收益率的变动与整个股票市场收益率变动之间的相关关系，反映了该股票与整个股市收益率变动的影响及其程度。根据定义，市场的 β_M 为 1；相对于市场风险而言，如果某股票的 $\beta_j > 1$，表明该股票的系统风险比市场组合系统风险高，该股票收益率的变动幅度比一般市场变动幅度大；如果某股票的 $\beta_j < 1$，表明该股票的系统风险比市场组合系统风险低，该股票收益率的变动幅度比一般市场变动幅度小。某资产的 $\beta < 0$，表明该收益率的变化方向与市场收益率变化方向相反。这种情况很少发生，但在战争等特殊期间相关企业的 β 可能就为负数。

β 系数作为资产系统风险的度量，对投资者的投资分析有重要的指导意义。由于其实际计算需要大量的数据支持，一般来说，只有上市公司股票等证券资产才能计算出其 β 值。除了可以利用定义计算 β 系数外，还可以利用资产收益率的历史数据，采用一元线性回归的方法去计算 β 系数。对于一些无历史数据的新项目，可以通过寻找一个经营业务与待评价项目类似的上市公司，以该上市公司的 β 系数为基础运用可比公司法计算项目的 β 系数，具体内容见第七章的可比公司法。

需要注意的是，由于某上市公司 β 值估计的是该公司股票在过去某期间收益率的变化相对于市场收益率的变化，因此期间和市场指数的选择显得非常重要。同一公司 β 估值对不同的投资人、不同的资本市场和不同的期间都可能有所不同。

当用 n 项资产构成一个投资组合时，该投资组合的 β_P 等于被组合各证券 β 值的加权平均数。其计算公式为：

$$\beta_P = \sum_{i=1}^{n} A_i \beta_i$$

式中，β_P 为资产组合的 β 系数；A_i 为第 i 项资产在组合中所占的价值比例；β_i 为第 i 项资产的 β 系数。

【例题 5-3】 股票 A 和股票 B 的部分年度资料如表 5-1 所示。

表 5-1 证券组合数据

年 度	A 证券报酬率/%	B 证券报酬率/%
1	26	13
2	11	21
3	15	27
4	27	41
5	21	22
6	32	32

首先计算投资于证券 A、B 的预期报酬率率和标准差，相关准备数据如下。

(1) 计算预期报酬率和标准差数据（表 5-2）

表 5-2 预期报酬率和标准差数据

年度	x_i /%	y_i /%	$x_i - \overline{x}$	$y_i - \overline{y}$	$(x_i - \overline{x})(y_I - \overline{y})$	$(x_i - \overline{x})^2$	$(y_i - \overline{y})^2$
1	26	13	4	-13	-52	16	169
2	11	21	-11	-5	55	121	25
3	15	27	-7	1	-7	49	1
4	27	41	5	15	75	25	225
5	21	22	-1	-4	4	1	16
6	32	32	10	6	60	100	36
合计	132	156	0	0	135	312	472

$$\overline{K}_A = (26\% + 11\% + 15\% + 27\% + 21\% + 32\%)/6 = 22\%$$

$$\overline{K}_B = (13\% + 21\% + 27\% + 41\% + 22\% + 32\%)/6 = 26\%$$

$$\sigma_A = \sqrt{\frac{0.0312}{6-1}} = 7.8994\%$$

$$\sigma_B = \sqrt{\frac{0.0472}{6-1}} = 9.7160\%$$

（2）计算相关系数

$$r_{AB} = \frac{135}{\sqrt{312} \times \sqrt{471}} = \frac{135}{17.6635 \times 21.7256} = \frac{135}{383.7501} = 0.3518$$

（3）计算投资组合的期望收益率和标准差

$$R_p = 22\% \times 40\% + 26\% \times 60\% = 24.4\%$$

$$\sigma_p = \sqrt{\begin{array}{c}(40\% \times 7.8994\%)^2 + 2 \times 0.3518 \times (40\% \times 7.8994\%) \times \\ (60\% \times 9.7160) + (60\% \times 9.7160\%)^2\end{array}}$$

$$= 7.55\%$$

2. 资本资产定价模型

对于持有充分分散化的投资组合的投资者来说，非系统风险可以相互抵消（成本很低，理论上为零），因此，承担非系统风险不会得到什么报酬。投资者只关心投资组合必须承担的系统风险。如果市场上投资者都持有充分分散化的投资组合，在市场均衡的条件下，从每个资产获得的每单位系统风险的溢价应该相等，即：

$$\frac{R_1-R_f}{\beta_1}=\frac{R_2-R_f}{\beta_2}=\cdots=\frac{R_n-R_f}{\beta_n}=\frac{R_M-R_f}{\beta_M}=R_M-R_f$$

通过整理，可以得到资本资产定价模型（CAPM）：

$$R_i=R_f+\beta_i(R_M-R_f)$$

式中，R_i 为第 i 个证券的预期报酬率；R_f 为无风险收益率（无风险利率）；β_i 为第 i 个证券的 β 系数；R_M 为平均证券的要求收益率（即市场组合要求的收益率，其 β 系数为1）；(R_M-R_f) 为风险价格，投资者为补偿承担超过无风险收益的平均风险而要求的额外收益；$\beta_i \times (R_M-R_f)$ 为第 i 个证券的风险溢价。

资本资产定价模型研究的是充分组合情况下风险与要求的收益率之间的均衡关系。单个证券的预期报酬率由无风险收益率和市场风险溢价组成。风险反映了某个证券预期报酬率与市场组合收益率的相关性。如果 $\beta_i=0$，则该证券的预期报酬率为无风险收益率；$\beta_i=1$，则该证券的预期报酬率与市场组合要求的收益率相等。

资本资产定价模型适用于充分多样化的资产组合中的单个证券。将资本资产定价模型用图表示在 β（横坐标）和预期报酬率（纵坐标），得到的直线，即为证券市场线（SML），如图 5-7 所示。证券市场线反映了市场对系统风险的均衡价格，在市场均衡的条件下，任何资产或投资组合的投资报酬率与风险（β）的关系都可用该线来界定。

利用资本资产定价模型，既可以根据测定的 β 系数估计某证券的预期报酬率，也可以利用已知行业的 β 系数估计某行业的预期报酬率，为相关行业的投融资决策提供参考。反之，如果已知某证券的预期报酬率，也可以利用资本资产定价模型计算出该证券的 β 系数。

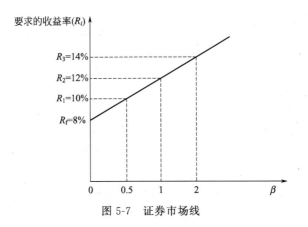

要求的收益率(R_i)

$R_3=14\%$
$R_2=12\%$
$R_1=10\%$
$R_f=8\%$

0 0.5 1 2 β

图 5-7 证券市场线

【例题 5-4】 假设资本资产定价模型成立，表中的数字是相互关联的。求出表中"?"位置的数字。

证券名称	期望报酬率	标准差	与市场组合的相关系数	贝他值
无风险资产	?	?	?	?
市场组合	?	0.1	?	?
A 股票	0.22	?	0.65	1.3
B 股票	0.16	0.15	?	0.9
C 股票	0.31	?	0.2	?

首先根据相关定义可知：无风险资产：$\beta_j = 0$、$\sigma_j = 0$、$r_{jM} = 0$；

市场组合：$\beta_M = 1$；$r_{MM} = 1$；

利用 A、B 股票的 R_i，β_i；可以计算 R_f，R_M。

$$\begin{cases} 0.22 = R_f + 1.3(R_M - R_f) \\ 0.16 = R_f + 0.9(R_M - R_f) \end{cases}$$

得 $R_f = 0.025$；$R_M = 0.175$；

对于 C 股票：$0.31 = 0.025 + \beta_C \times (0.175 - 0.025)$；

因此，$\beta_C = 1.9$。

$$\beta_j = r_{jM} \left(\frac{\sigma_j}{\sigma_M} \right)$$

对于 A 股票：$1.3 = 0.65 \times (\sigma_A / 0.1)$。

因此，$\sigma_A = 0.2$。

对于 B 股票：$0.9 = r_{BM} \times (0.15 / 0.1)$。

因此，$r_{BM} = 0.6$。

对于 C 股票：$1.9 = 0.2 \times (\sigma_C / 0.1)$。

因此，$\sigma_C = 0.95$。

汇总计算结果如下：

证券名称	期望报酬率	标准差	与市场组合的相关系数	贝塔值
无风险资产	0.025	0	0	0
市场组合	0.175	0.10	1.00	1.0
A 股票	0.22	0.20	0.65	1.3
B 股票	0.16	0.15	0.60	0.9
C 股票	0.31	0.95	0.20	1.9

第六章

长期财务决策专题一：
债券与股票

本章将介绍现金流量折现模型在债券和股票两种常见金融工具投资估价和筹资决策中的具体应用，由于投资方与筹资方的视角和相关计算期可能不完全一致，本章尝试比较投资方、筹资方在相关决策指标选择和计算的差异。

第一节　债券投资与筹资

一、债券投资

债券是发行人（筹资者）为筹集资金，向债权人（投资者）发行的，在约定时间支付一定比例的利息，并在到期时偿还本金的一种有价证券。

作为一种固定收益证券，债券的发行人有义务按照约定的期限向债权人提供固定收益。附息债券在存续期内定期根据债券票面利率和面值向债权人支付利息；零息债券到期按照面值一次性向向债权人支付债券本金。债券面值是指设定的票面金额，它代表发行人借入并且承诺于未来某一特定日期偿付给债券持有人的金额。债券票面利率是指债券发行者预计一年内向投资者支付的利息占票面金额的比率。票面利率主要用于计算发行时基本确定的票面利息。票面利率不同于按复利计算的一年期的有效年利率。

由于收益相对固定，债券投资风险相对较低，某些债券（如国库券）还具有税收优势，因此，债券成为投资者青睐的一种投资产品。由于债券的发行人可以是政府、也可以是企业、金融机构。其他主体发行的债券并非都像本国政府发行的债券那样风险低，收益稳定。政府债券的风险最低，但是其收益率也低于风险较大的企业债券。因此，如何权衡收益性与风险性，正确选择合适的债券对于投资者而言是相当重要的。债券的价值体现了债券投资人要求的报酬。

对于运用债券形式从资本市场筹资的筹资企业来说，债券估价的高低具有重要的意义。如果定价偏低，企业会因付出更多现金而遭受损失；如果定价偏高，企业会因发行失败而遭受损失。

1. 债券的价值

债券的价值是由债券未来现金流量的现值，即发行者按照合同规定从现在至债券到期日所支付给的款项的现值。计算现值时使用的折现率，取决于当前的市场利率和现金流量的风险水平，一般采用当时的市场利率或投资的必要报酬率。

一般来说，对投资人而言，债券未来现金流量包括各期的利息收入和到期收回的面值。具体因不同种类的债券而异。

（1）典型的债券

典型的债券是固定利率、每年计算并支付利息，到期归还本金。其现金流量（税前）为：

$$CF_{1 \sim n} = I；CF_n = M$$

式中，I 为每年支付或收到的票面利息；M 为到期的本金或面值；n 为债券到期前的年数；$CF_{1 \sim n}$ 为 $1 \sim n$ 期的现金流量；CF_n 为 n 时点的现金流量。

从现金流量的具体分布情况来看，典型的债券现金流量，是复利终值和普通年金的混合流量。债券价值（PV_0）为 I 的年金现值与 M 的复利现值之和，其计算公式为：

$$PV_0 = \sum_{t=1}^{n} \frac{I}{(1+i)^t} + \frac{M}{(1+i)^n}$$
$$= I \times (P/A, i, n) + M \times (P/F, i, n)$$

式中，i 为折现率。

（2）平息债券

平息债券指利息在到期时间内平均支付的债券。支付频率可能是一年、半年或每季度一次等。其现金流量为：

$$CF_{1 \sim nm} = I/m；CF_{nm} = M$$

式中，m 为年付利息次数；I 为每年支付或收到的票面利息。

同典型债券类似，平息债券的现金流量也是复利终值和普通年金的混合流量；但是相对于典型债券而异，平息债券的计算期扩大为 nm，每期现金流量缩小为 I/m，折现率缩小为 r/m。如果已知的是名义必要报酬率或名义市场利（报价利率），计算平息债券价值时，应该折算为周期利率（即名义必要报酬率或名义市场利率/年付息次数）。平息债券价值（PV_0）为（I/m）的年金现值与 M 的复利现值之和，其计算公式为：

$$PV_0 = \sum_{t=1}^{mn} \frac{I/m}{(1+r/m)^t} + \frac{M}{(1+r/m)^n}$$
$$= I/m \times (P/A, r/m, mn) + M \times (P/F, r/m, mn)$$

式中，r 为按年计息的年名义市场利率或投资人要求的必要报酬率。

（3）零息债券

零息债券（纯贴现债券）是指承诺在未来某一确定日期作某一单笔支付的债券。在到期日前购买人不能得到任何现金支付。到期日一次还本付息债券，也是一种纯贴现债券，只不过是按本利和作单笔支付。其现金流量为：$CF_n = F$。式中，F 为到期的面值或还本付息额。

从现金流量的具体分布情况来看，零息债券现金流量是复利终值。债券价值（PV_0）为 F 的复利现值，其计算公式为：

$$PV_0 = \frac{F}{(1+i)^n}$$
$$= F \times (P/F, i, n)$$

（4）永久债券

永久债券指没有到期日的，永不停止定期支付利息的债券。优先股实际上也是一种永久债券。其现金流量为：$CF_{1\sim\infty} = I$。式中，I 为未来每期的固定利息或优先股息。

从现金流量的具体分布情况来看，永久债券的现金流量是永续年金。债券价值（PV_0）为 I 的复利现值，其计算公式为：

$$PV_0 = \frac{I}{i}$$

（5）流通债券

流通债券指已发行并在二级市场上流通的债券。不同于新债券，由于已经在市场上流通了一段时间，到期时间小于债券的发行在外的时间；在估价时需要考虑现在至下一次利息支付的时间因素，由于估价的时点不在发行日，会产生"非整数计息期"问题。建议以筹资方的现金流量为基础来重新确定投资时点和投资方的现金流量，特别是区分年金和一次性收付款项的时间间隔差别。

影响债券价值的因素包括：折现率、面值、利息率、付息频率（付息期）和到期时间。

与折现率对债券价值的影响体现为：折现率等于债券利率时，债券价值就等于债券面值；折现率高于债券利率时，债券价值就低于债券面值；折现率低于债券利率时，债券价值就高于票面价值。在计算债券价值时，除非特别指明，折现率与票面利率（根据等风险投资的折现率确定）采用同样的计息规则，包括计息方式（单利还是复利）、计息期和利息率的性质（报价利率还是实际利率）和付息方式。

新发行的平息债券，在折现率一直保持不变的情况下，无论它高于或低于票面利率，债券价值随到期时间的缩短逐渐向债券面值靠近，至到期日债券价值等于债券面值。在折现率等于票面利率时，到期时间的缩短对债券价值没有影响。如果计息期无限小（即连续支付利息），则债券价值表现为一条直线。其发行价格或某投资时点的价值与面值的关系可以借鉴其系数与票面利率等于折现率的系数关系来讨论。

非连续支付利息的流通债券，其价值在两个付息日之间呈周期性变动。对于折价发行债券来说，发行后价值逐渐升高，在付息日由于割息而价值下降，然后又逐渐上升。总的趋势是波动上升。越临近付息日，利息的现值越大，债券的价值有可能超过面值。付息日后债券的价值下降，会低于其面值。

如果折现率在债券发行后发生变动，债券价值也会因此而变动。随着到期时间的缩短，折现率变动对债券价值的影响越来越小。

2. 债券收益率

债券收益率，是指以特定价格购买债券并持有到期日所获得的收益率，是能使未来现金流量现值等于债券购入价格的折现率。通常用到期收益率来衡量。

从实质来看，债券收益率是以特定的购入价格替换债券价值 PV_0，在已经估算出现金流量、计算期等参数的基础上，借鉴现金流量折现模型，用插值法（试误法）计算折现率 i。如果是平息债券，折现率是周期利率（即 $i=r/m$），应乘以年付息次数得出名义的年收益率（r）；或者利用 $1+EAR=(1+r/m)m$ 计算 EAR（年实际必要报酬率、年实际折现率）。

债券到期收益率是指导选购债券的标准，如果到期收益率高于投资人要求的报酬率，则应买进该债券，否则就应放弃。

【例题 6-1】 2012 年 7 月 1 日发行的某债券，面值 1,000 元，期限 3 年，票面年利率 8%，每半年付息一次，付息日为 6 月 30 日和 12 月 31 日。

（1）在等风险证券的市场利率为 8% 时，该债券的实际年利率为：

$$EAR=(1+8\%/2)2-1=8.16\%$$

单利计息下全部利息相关现金流量为：

$$CF_{1\sim6}=1,000\times(8\%/2)=40(元)$$

$r=8\%$，$m=2$，$i=8\%/2=4\%$。

单利计息全部利息的现值为：

$PV_0=40\times(P/A,4\%,6)=40\times5.2421=209.68$(元)

（2）在等风险证券的市场利率为 10% 时，2012 年 7 月 1 日该债券的价值计算过程为：

$CF_{1\sim6}=1,000\times(8\%/2)=40$(元)

$CF_6=1,000$(元)

$i=10\%/2=5\%$

$PV_0=40\times(P/A,5\%,6)+1,000\times(P/F,5\%,6)$

$\qquad=40\times5.0757+1000\times0.7462$

$\qquad=949.23$(元)

（3）假设等风险证券的市场利率 12%，2013 年 7 月 1 日该债券的市价为 850 元。

该时点相关未来现金流量为：

$CF_{1\sim4}=1,000\times(8\%/2)=40$(元)

$CF_4=1,000$(元)

$i=12\%/2=6\%$

2013 年 7 月 1 日债券价值：

$PV_0=40\times(P/A,6\%,4)+1,000\times(P/F,6\%,4)$

$\qquad=40\times3.4651+1,000\times0.7921$

$\qquad=930.70$ （元）

由于债券价值大于该债券的市价（850 元），因此值得购买。

（4）某投资者 2014 年 7 月 1 日以 970 元购入该债券。该投资者持有该债券至到期日的收益率计算如下。

该债券相关的未来现金流量为：

$CF_{1\sim2}=1,000\times(8\%/2)=40$(元)

$CF_2=1,000$(元)

$PV_0=40\times(P/A,r/2,2)+1,000\times(P/F,r/2,2)=970$

$r=10\%$ 试算：

$$PV_0=40\times(P/A,5\%,2)+100\%\times(P/F,5\%,2)$$
$$=40\times1.8594+1{,}000\times0.9070$$
$$=981.38(元)$$

$r=12\%$ 试算：

$$PV_0=40\times(P/A,6\%,2)+1{,}000\times(P/F,6\%,2)$$
$$=40\times1.8334+1{,}000\times0.8900$$
$$=963.34(元)$$

$$
\begin{array}{ll}
r & PV \\
\left.\begin{array}{l}10\% \\ r \\ 12\%\end{array}\right\} & \left.\begin{array}{l}981.38 \\ 970 \\ 963.34\end{array}\right\}
\end{array}
$$

$$\frac{r-10\%}{12\%-10\%}=\frac{981.38-970}{981.38-963.34}$$

$$R=10\%+(981.38-970)/(981.37-963.34)\times(12\%-10\%)$$
$$=11.26\%$$

或：$1+EAR=(1+11.26\%/2)^2$

实际年收益率为：$EAR=(1+11.26\%/2)^2-1=11.58\%$

二、债券的发行价格与资本成本

对于运用债券形式从资本市场筹资的筹资企业来说，债券发行价格的高低具有重要的意义。如果定价偏低，企业会因付出更多现金而遭受损失；如果定价偏高，企业会因发行失败而遭受损失。

1. 债券的发行价格

债券的发行价格是债券发行时使用的价格，即投资者购买债券时所支付的价格。公司债券的发行价格通常有三种：平价、溢价和折价。

平价指以债券的票面金额为发行价格；溢价指以高出债券票面金额的价格为发行价格；折价指以低于债券票面金额的价格为发行价格。债券发行价格的形成受诸多因素的影响，其中主要是票面利率与市场利率的一致程度。债券的票面金额、票面利率在债券发行前即已参照市场利率和发行公司的具体情况确定下来，并载明于债券之上。但在发行债券时已确定的票面利率不一定与当时的市场利率一致。为了协调债券购销双方在债券利息上的利益，就要调整发行价格：当票面利率高于市场利率时，以溢价发行债券；当票面利率低于市场利率时，以折价发行债券；当票面利率与市场利率一致时，则以平价发行债券。

债券发行价格的计算思路同债券价值，具体视不同债券的现金流量而定。不过债券的发行价格是发行时点债券未来现金流量的现值；与投资购买流通债券不同时点具有不同价值有所不同。

总之，债券未来现金流量的现值是货币时间价值在债券的具体运用，通过运用折现现金流量模型，已知折现率和计算期，根据不同的债券种类的现金流量来计算购买或发行时点的现值。投资者计算的债券现值称为债券的价值；筹资者计算的债券现值称为债券的发行价格；关键是流量相关的现值系数的判断：是年金现值还是复利现值。不同投资时点不同 NCF 有不同的现值；同一现金流量在不同的贴现率情况下也有不同的现值。债券价值是债券投资决策的主要指标之一，只有债券的价值大于购买价格时才值得购买。

债券未来现金流量的现值计算的关键是掌握不同种类债券的现金流量分布情况。现金流量分布的具体情况与计息方式（单利或复利）和付息方式（如每年计算并支付利息、到期还本；到期一次还本付息等）有关，取决于债券面值、票面名义利率和年付息次数等因素。总（收）付息次数、投资或筹资的角度决定了期数的时点（因为投资可以是流通债券，具体的时点是灵活的，甚至可以是按月等；筹资只能是新发债券）。年付息频率影响了折现率（缩小）以及期数（扩大），直接体现在现值系数上。当然如果几年付息一次，那么现金流量、折现率、期数会与上述情况相反。

【例题 6-2】 C 公司在 2010 年 1 月 1 日发行 5 年期债券，面值 100 元，票面年利率 10％，于每年 12 月 31 日付息，到期时一次还本。

（1）如果 2010 年 1 月 1 日金融市场上与该债券同类风险投资的利率是 9％，该债券发行价格的计算过程如下：

$$CF_{1\sim5} = 100 \times 10\% = 10(\text{元})$$

$$CF_5 = 100(\text{元})$$

$$i = 9\%$$

$$PV_0 = 10 \times (P/A, 9\%, 5) + 100 \times (P/F, 9\%, 5)$$

$$= 10 \times 3.8897 + 100 \times 0.6499$$

$$= 103.89(\text{元})$$

由于 103.89＞100，为溢价发行。

（2）如果 1 年后该债券的市场价格为 104.91 元，该债券于 2011 年 1 月 1 日的到期收益率的计算如下：

$$CF_{1\sim4} = 100 \times 10\% = 10(\text{元})$$

$$CF_4 = 100(\text{元})$$

$$PV_0 = 100 \times (P/A, i, 4) + 1{,}000 \times (P/F, i, 4)$$

$$= 104.91(\text{元})$$

$i = 8\%$ 试算：$PV_0 = 10 \times (P/A, 8\%, 4) + 100 \times (P/F, 8\%, 4) = 106.62(\text{元})$

$i = 9\%$ 试算：$PV_0 = 10 \times (P/A, 9\%, 4) + 100 \times (P/F, 9\%, 4) = 103.24(\text{元})$

i	PV
8%	106.62
i	104.91
9%	103.24

$$\frac{i-8\%}{9\%-8\%}=\frac{106.62-104.91}{106.62-103.24}$$

$R=i=8\%+(106.62-104.91)/(106.62-103.24)\times1\%$
$=8.50\%$

（3）该债券发行 4 年后该公司被揭露出会计账目有欺诈嫌疑，这一不利消息使得该债券价格在 2014 年 1 月 1 日由开盘的 101.85 元跌至收盘的 90 元。假设能够全部按时收回本息跌价后该债券的到期收益率的计算过程如下：

$CF_1=100\times10\%+100=110$（元），按收盘价计算，$P_0=90$（元），由于，$90=110/(1+i)$，因此，$R=i=22.22\%$。即跌价后到期收益率为 22.22%。

如果证券评级机构对该债券此时的风险估计如下：如期完全偿还本息的概率是 50%，完全不能偿还本息的概率是 50%，变化系数的计算过程为：

预期值 $=110\times0.5+0\times0.5=55$（元）

$\sigma=\sqrt{(110-55)^2\times0.5+(0-55)^2\times0.5}=55$（元）

变化系数 $=550/550=1$

2. 债务资本成本

资本成本是指投资资本的机会成本。即失去的收益，是将资本用于本项投资所放弃的其他投资机会的收益。资本成本既与公司的筹资活动有关，是公司募集和使用资金的成本，即筹资的成本；同时也与公司的投资活动有关，是投资所要求的最低报酬率。一般将前者为公司的资本成本，后者为投资项目的资本成本。在债券（或股票）估价中，是从投资人的角度评价证券的报酬和风险。如果从筹资人（公司）的角度看，投资人从证券上所取得的报酬就是证券发行公司的成本。债权投资人的收益率就是筹资公司的债务资本成本。

由于涉及企业所得税的抵减，债务资本成本的计算分为两步。

（1）估算税前资本成本（K_d）

一般采用到期收益率法。如果公司目前有上市的长期债券，可以将债券的到期收益率作为债务的税前资本成本；如果没有上市债券，就需要找一个具有类似的商业模式、规模、负债比率和财务状况的并且拥有可交易债券的可比公司，作为参照物。计算可比公司长期债券的到期收益率，作为本公司的长期债务成本。到期收益率法计算债务税前资本成本（K_d）的思路与投资方计算的到期收益率基本相同，以发行价格替换债券未来现金流量的现值 PV_0，反过来计算折现率，即为 K_d，特别是在债券的发行成本很大（即发行费率很高）时，需要计算实际筹资净额作为 PV_0。

以典型债券为例，债务的税前成本（K_d）应满足下式：

$$P_0 \times (1-f) = \sum_{t=1}^{n} \frac{I}{(1+K_d)^t} + \frac{M}{(1+K_d)^n}$$

式中，P_0 为债券的市价或发行价；f 为发行费率；n 为债券的到期时间；I 为每期的票面利息金额；K_d 为经发行成本调整后的债务税前成本。

利用用内插法，可计算出 K_d。

【**例题 6-3**】 某公司债券面值为 100 元，票面利率为 8％，期限为 10 年，分期付息，当前市价为 85 元；如果按公司债券当前市价发行新的债券，发行成本为市价的 4％，该公司债务税前资本成本计算过程如下。

相关现金流量分布为：

$CF_{1\sim10} = 100 \times 8\% = 8$

$CF_{10} = 100$

$PV_0 = 8 \times (P/A, K_d, 10) + 100 \times (P/F, K_d, 10) = 85 \times (1-4\%)$

$8 \times (P/A, K_d, 10) + 100 \times (P/F, K_d, 10) = 81.60$

设 $K_d=10\%$，$PV_0=8\times6.1446+100\times0.3855=87.71$（元）

设 $K_d=12\%$，$PV_0=8\times5.6502+100\times0.3220=77.40$（元）

已知 $=81.60$，求 K_s

$$
\begin{array}{ll}
\underline{K_d} & \underline{PV_0} \\
10\%\text{\Large\}} & 87.71\text{\Large\}} \\
K_d & 81.60 \\
12\% & 77.40
\end{array}
$$

$$\frac{K_d-10\%}{12\%-10\%}=\frac{88.71-81.60}{88.71-77.40}$$

$K_d=10\%+(88.71-81.60)/(88.71-77.40)\times(12\%-10\%)$

　　$=11.26\%$

如果本公司没有上市的债券，而且找不到合适的可比公司，那么就需要使用风险调整法估计债务成本。按照这种方法，债务成本通过同期限政府债券的市场收益率与企业的信用风险补偿相加求得：

$K_d=$ 政府债券的市场回报率 $+$ 企业的信用风险补偿率

【例题6-4】 某公司平价发行10年期的长期债券。目前新发行的10年期政府债券的到期收益率为3.6%。该公司的信用级别为AAA级，目前上市交易的AAA级公司债券有3种。这3种公司债券及与其到期日接近的政府债券的到期收益率见表6-1。

表6-1 债券到期收益率与政府债务到期收益率数据

债券发行公司	上市债券到期日	上市债券到期收益率	政府债券到期日	政府债券到期率
A	2013年7月1日	6.65%	2013年6月30日	3.55%
B	2014年9月1日	6.45%	2014年8月1日	3.25%
C	2016年6月1日	7.58%	2016年7月1日	3.68%

债券风险补偿率＝[(6.65％－3.55％)＋(6.45％－3.25％)＋(7.58％－3.68％)]÷3＝3.4％

$K_d＝3.6％＋3.4％＝7％$

（2）计算税后资本成本（K_{dt}）

$$K_{dt}＝K_d×(1－T)$$

式中，T 为公司的企业所得税税率。

如果企业所得税税率为 25％，税后资本成本为：

$$K_{dt}＝7％×(1－25％)＝5.25％$$

第二节 股票估价与普通股成本

一、股票估价

股票是股份证书的简称，是股份公司为筹集资金而发给股东作为持股凭证并借以取得股利的一种有价证券。每一股股票代表着对公司的一个基本单位的所有权。作为一种有价证券，由于股票的持有人可以按照公司章程从公司领取红利，获得投资收益；而只要公司存在，一旦买入公司股票，任何持股人都不能要求退股，保持了公司资本规模的稳定性；投资者能否获得预期报酬，与公司的盈利状况等有关，股票价格受到公司的预期红利、当时的市场利率、政治、经济环境变化和投资者心理等复杂因素的影响；股票可以在二级市场上随时流通。因此，股票具有收益性、稳定性、风险性和流动性等特点。

按照股东权利的不同，可以将股票分为普通股和优先股。其中：普通股是最基本的一种股票形式，是指股份公司依法发行的具有表决权、股利不固定的一类股票。普通股具有股票的最一般特征，每一份股权包含对公司的财产享有的平等权利。优先股，是股份公司依法发行的具有一定优先权的股票，是一种特殊的权益形式。从法律上讲，企业对优先股不承担法定的还本义务，是企业自有资金的一部分。

1. 股票的价值

按照现金流量折现模型，股票价值是指股票持有者预期能够得到的所有未来现金流量的现值。投资者购买股票，通常预期的未来现金流量包括两种：各期的红利收入和持股期末出售时的预期售价。对于非永久持有股票投资者来说，未来的现金流量为：$CF_{1\sim n}=D_t$；$CF_n=P_n$；其中：D_t——第 t 年的红利；P_n——持股期末 n 时点出售时的预期售价。因此，非永久持有股票的价值计算公式为：

$$PV_0 = \sum_{t=1}^{n} \frac{D_t}{(1+R_s)^t} + \frac{P_n}{(1+R_s)^n}$$

式中，PV_0 为股票的价值；R_s 为折现率，一般采用资本成本率或投资的必要报酬率。

对于长期持股的投资者来说，未来的现金流量为：$CF_t=D_t$，式中：t 从 $1\sim\infty$。该类股票的价值计算公式为：

$$PV_0 = \sum_{t=1}^{\infty} \frac{D_t}{(1+R_s)^t}$$

由于上述模型的 D_t 要无限期预计可能在实际中做不到，因此下面主要讨论几种常见的简化模型。

（1）零增长股票

零增长股票，假定每期支付的红利都相等（即红利增长率为零）。各期现金流量为：$CF_{1\sim\infty}=D$（即 $D_1=D$），根据永续年金现值的相关内容，该股票的价值计算公式为：

$$PV_0 = \frac{D_1}{R_s} = \frac{D}{R_s}$$

式中，D_1 为预期年红利额。

（2）固定增长股票

固定增长股票，假定每期支付的红利以一个固定比率（g）增长。各期现金流量为：

$$CF_t = D_t = D_1(1+g)^{t-1} = D_0(1+g)^t$$

式中，t 从 $1 \sim \infty$；D_0 为当前年红利额；g 为红利年增长率，可以根据可持续增长率估计。

根据增长型永续年金现值的相关内容，该股票的价值计算公式为：

$$PV_0 = \frac{D_1}{R_s - g} = \frac{D_0 \times (1+g)}{R_s - g}$$

（3）非固定成长股票

非固定成长股票可以简单分为两个期间：前一阶段有限期和后一阶段永久期（包括零增长或固定增长两种情况），关键在 m 时点的确定。具体分为：

后一阶段永久期固定成长股票，现金流量为：

$$CF_j = D_j$$

$$CF_{m+t} = D_m(1+g)^t$$

式中，j 从 $1 \sim m$，t 从 $1 \sim \infty$。该股票的价值计算公式为：

$$PV_0 = \sum_{j=1}^{m} \frac{D_j}{(1+R_s)^j} + \frac{D_m(1+g)}{R_s - g} \times \frac{1}{(1+R_s)^m}$$

$$= \sum_{t=1}^{m} D_j \times (P/F, R_s, j) + \frac{D_m(1+g)}{R_s - g} \times (P/F, R_s, m)$$

后一阶段永久期零成长股票。现金流量为：

$$CF_j = D_j$$

$$CF_{(m+1) \sim (m+\infty)} = D_m$$

式中，j 从 $1 \sim m$。该股票的价值计算公式为：

$$PV_0 = \sum_{j=1}^{m} \frac{D_j}{(1+R_s)^j} + \frac{D_m}{R_s} \times \frac{1}{(1+R_s)^m}$$

$$= \sum_{t=1}^{m} D_j \times (P/F, R_s, j) + \frac{D_m}{R_s} \times (P/F, R_s, m)$$

假设股票现在的市场价格为 P_0，如果 $PV_0 > P_0$，表明该股票被低估；如果 $PV_0 < P_0$，表明该股票被高估。

2. 股票的期望收益率

假设股票价格是公平的市场价格，证券市场处于均衡状态；在任一时点证券价格都能完全反映有关该公司的任何可获得的公开信息，而且证券价格对新信息能迅速做出反应。在这种假设条件下，股票的期望收益率等于其必要的收益率。

以股票当前的价格 P_0 替换股票价值 PV_0，就可以反过来计算投资者可能获得的收益率 R_s，各种股票期望收益率计算公式如下：

（1）零增长股票：$R_s = D_1 / P_0$

（2）固定增长股票：$R_s = D_1 / P_0 + g$

（3）非长期持有股票、长期持有股票一般模式、非固定成长股票用插值法计算折现率，即为股票期望收益率。

从固定增长股票期望收益率计算公式可以看出：股票的收益率可以分为两个部分：股利收益率（D_1 / P_0）和股利增长率（g）。由于股利的增长速度也就是股价的增长速度，因此，g 可以解释为股价增长率或资本利得收益率。

因此，$R_s = $ 预期股利收益率 + 资本利得收益率 $= D_1 / P_0 + (P_1 - P_0) / P_0$。

【例题 6-5】 某上市公司本年度的净收益为 4000 万元，每股支付股利 2 元。预计该公司未来三年进入成长期，净收益第 1 年增长 14%，第 2 年增长 14%，第三年增长 8%。第 4 年及以后将保持其净收益水平。该公司一直采用固定支付率的股利政策，并打算今后继续实行该政策。该公司没有增发普通股和发行优先股的计划。

（1）假设投资人要求的报酬率为 10%，各期的现金流量分布如下：

$CF_1 = 2 \times (1 + 14\%) = 2.28$

$CF_2 = 2.28 \times (1 + 14\%) = 2.60$

$CF_3 = 2.60 \times (1 + 8\%) = 2.81$

$CF_{4 \sim \infty} = 2.81$

$PV_0 = (2.28 \times 0.9091 + 2.60 \times 0.8264 + 2.81 \times 0.7513) + 2.81/10\% \times 0.7513 = 27.44$（元）

（2）如果股票的价格为 24.89 元；由于 27.44＞24.89，所以折现率改为 11%。

$PV_0 = (2.28 \times 0.9009 + 2.60 \times 0.8116 + 2.81 \times 0.7312) + 2.81/11\% \times 0.7312 = 24.89$（元）

因此预期报酬率为 11%。

二、普通股成本

权益资本融资构成了企业的原始资本，也是实现债务资本融资的基础。普通股融资通常不需要归还本金且没有固定的股利负担，相对于债券和借款的固定性利息现金流支付所承担的财务风险而言，权益融资的融资成本较高。股权融资包括通过留存收益的增加实现的内部股权融资和增发新的普通股实现的外部股权融资。

普通股成本是指面向未来筹集普通股资金所需的成本。包括增发新的普通股、通过留存收益增加普通股资金所需的成本。由于发行新股份涉及发行费的支付，所以新发股份的成本与留存收益略有不同。

估计普通股成本方法包括：红利增长模型、资本资产定价模型和债券报酬率风险调整模型。实际工作中，往往要看相关数据的可靠性，选用最有把握的一种。

1. 红利增长模型

根据固定增长股票期望收益率的计算公式，以股票的发行价格或市场价格为 P_0，结合新发股份需要支付的发行费等，普通股成本的计算公式为：

$$K_s = \frac{D_1}{P_0(1-f)} + g = \frac{D_0(1+g)}{P_0(1-f)} + g$$

式中，K_s 为普通股成本；D_1 为预期年红利额；D_0 为当前年红利额；f 为发行费率；P_0 为普通股当期的市价或发行价格；g 为红利年增长率，可以采用计算的红利历史年增长率或可持续增长率，也可以采用证券分析师的预测数。

如果采用留存收益筹资，则上述公式中 $f=0$。

2. 资本资产定价模型

根据资本资产定价模型，股权资本成本应包含无风险利率和风险溢价量部分。其计算公式为：

$$K_s = R_f + \beta(R_m - R_f)$$

式中，K_s 为普通股成本；R_f 为无风险收益率（通常以长期的政府债券的收益率作为无风险收益率）；β 为股票的 β 系数；R_m 为平均风险股票的要求收益率；$(R_m - R_f)$ 为权益市场风险溢价；$\beta \times (R_m - R_f)$ 为股票的风险溢价。

3. 债券收益加风险溢价法

普通股股东对企业的投资风险大于债券投资者，因而会在债券投资者要求的收益率上再要求一定的风险溢价。权益的成本计算公式为：

$$K_s = K_{dt} + RP_c$$

式中，K_{dt} 为税后债务成本；RP_c 为股东比债权人承担更大风险所要求的风险溢价。

风险溢价（RP_c）的估算方法：①凭借经验估计。一般认为，某企业普通股风险溢价对其自己发行的债券来讲，大约在 3%～

5％之间。对风险较高的股票用 5％，风险较低的股票用 3％；中等风险的股票用 4％。②使用历史数据分析，即比较过去不同年份的权益收益率和债务收益率。虽然权益收益率和债券收益率有较大波动，但两者的差额 RP_c 相当稳定，因此历史的 RP_c 可以用来估计未来普通股成本。

第七章

长期财务决策专题二：资本预算

　　企业进行资本预算的主要目的是评估经营性长期资产直接投资项目的生存能力以及盈利能力，以便判断企业是否值得投资。指标预算是现金流量折现法在投资项目中的具体运用。本章介绍资本预算中现金流量的概念及净现值等相关决策指标的计算原理，针对一般性投资项目与更新项目，重点分析了现金流量的估算及决策问题。

投资项目财务评价指标

在进行投资项目财务评价时，会涉及评价指标及其标准的选择问题。投资项目常用的财务评价指标包括净现值、内含报酬率、回收期等，因此产生了净现值法、内含报酬率法、回收法等投资项目评价方法。

一、净现值（*NPV*）

净现值是指特定项目未来现金流入的现值与未来现金流出的现值之间的差额，它是评估项目是否可行的最重要的指标。其计算公式如下。

$$NPV = \sum_{t=0}^{n} \frac{NCF_t}{(1+i)^t}$$

式中，n 为项目期限；NCF_t 为第 t 期的现金净流量，等于第 t 期的现金流入量与流出量的差额；i 为资本成本，即投资人要求的最低报酬率。

具体决策时，如果净现值为正数，表明投资报酬率大于资本成本，该项目可以增加股东财富，应予采纳。如果净现值为零，表明投资报酬率等于资本成本，不改变股东财富，没有必要采纳。如果净现值为负数，表明投资报酬率小于资本成本，该项目将减损股东财富，应予放弃。净现值法具有广泛的适用性，在理论上也比其他方法更完善。净现值反映一个项目按现金流量计量的净收益现值，它是个金额的绝对值，在比较投资额不同的项目时有一定的局限性。

二、内含报酬率（*IRR*）

内含报酬率是指能够使投资项目净现值为零的折现率，也就是能够使未来现金流入量现值等于未来现金流出量现值的折现率。即：

$$NPV = \sum_{t=0}^{n} \frac{NCF_t}{(1+i)^t} = 0$$

求 i 值。

内含报酬率的计算，通常需要逐步测试法。首先估计一个折现率，用它来计算项目的净现值；如果净现值为正数，说明项目本身的报酬率超过折现率，应提高折现率后进一步测试；如果净现值为负数，说明项目本身的报酬率低于折现率，应降低折现率后进一步测试。经过多次测试，寻找出使净现值接近于零的折现率，即为项目本身的内含报酬率。如果现金流入量相等，符合年金形式，可以依据"原始投资＝每年现金流入量×年金现值系数"，计算年金现值系数，然后采用插补法计算折现率。

具体决策时，如果内含报酬率大于企业的资本成本，应采纳；如果内含报酬率等于企业的资本成本，没有必要采纳；内含报酬率小于企业的资本成本，应该放弃。

净现值法虽然考虑了时间价值，可以说明投资项目的报酬率高于或低于资本成本，但没有揭示项目本身可以达到的报酬率是多少。内含报酬率是根据项目的现金流量计算的，是项目本身的投资报酬率；在计算内含报酬率时不必事先估计资本成本，只是最后才需要一个切合实际的资本成本来判断项目是否可行。

三、回收期

按照计算时是否折现，回收期分非折现回收期和折现回收期。传统的回收期为非折现回收期，指投资引起的现金流入累积到与投资额相等所需要的时间。即 $\sum NCF_t = 0$，求期限 t。该指标计算简便；容易为决策人所正确理解；可以大体上衡量项目的流动性和风险。但是忽视了时间价值，把不同时间的货币收支看成是等效的；没有考虑回收期以后的现金流，也就是没有衡量盈利性；促使公司接受短期项目，放弃有战略意义长期项目。折现回收期，指在考虑货币时间价值的情况下以项目现金流量流入抵偿全部投资所需要的时间。即 $NPV = 0$，用插补法求 t。由于回收期代表收回投资所需要的年限，因此回收期越短，项目越有利。

第二节　投资项目现金流量的估计

　　投资项目的现金流量，是指一个投资项目引起企业的现金流入与现金流出的增加额。此处的"现金"不仅包括各种货币资金，而且还包括项目需要投入（或因项目而节约）的企业现有的非货币资源的变现价值。

　　在具体估算投资项目相关的现金流量，应考虑现金流量与项目的相关性，只有增量的现金流量才是决策相关的现金流量。即由于接受或拒绝某个投资项目后，因此发生变动的现金流入与现金流出。对于沉没成本等非相关成本，不予考虑；在决策过程当中当选择一个项目而放弃另一个时，所失去的被放弃项目的预期收益，作为选中投资项目的机会成本应予以考虑；由于新项目带来（或节约）的经营营运资本在项目开始和结束时也应予以考虑。不同投资项目现金流量的时间和数量的分布特征不同，下面主要讨论新建项目与固定资产更新项目的现金流量。

一、新建项目现金流量的估计

　　新建项目的现金流量按照项目期间分为：初始期现金流量、经营期现金流量和处置期现金流量。

1. 初始期现金流量

初始期指从投资开始日至取得营业收入前的期间。有的项目时间很短。初始期较短的项目，可用营业现金流入开始日取代初始期。

初始期主要的现金流量项目包括：①购置新资产的支出及相关运输、安装、调试等资本支出；②经营营运资本的增加（或减少）。

2. 经营期现金流量

经营期是指项目取得营业收入持续的期间。除个别项目需要在经营期考虑经营营运资本相关的现金流量外，大部分情况下经营期的现金流量主要涉及营业现金流量（实质是营业现金毛流量）。营业现金流量的计算公式如下。

营业现金流量

＝营业收入－付现成本－所得税

＝（息前）税后（经营）净利润＋折旧

＝营业收入×（1－所得税税率）－付现成本×（1－所得税税率）＋折旧×所得税税率

＝［营业收入－（付现成本＋折旧）］×（1－所得税税率）＋折旧

需要说明的是：①在上述公式中，折旧不仅包括固定资产的折旧，还要考虑相关无形资产、长期待摊费用的摊销等非付现成本；②在计算营业现金流量时，往往假设营业收入为收现收入；③现实生活中，付现成本因项目而异，按照成本性态，包括变动付现成本与固定付现成本；而折旧等非付现成本大多为固定非付现成本；④应该根据项目本身的实际期限确定经营期，经营期与会计期间并非完全一致；⑤应当按照税法规定的相关年限和政策计算折旧等非付现成本，以确定其对所得税的影响；⑥一般把项目投资与筹资分开来考虑，在资本预算时，不考虑项目资金的来源；如果涉及筹资方式的选择，单独评估筹资方式的现金流量（详见本节三、承租人租赁相关的现金流量）。

3. 处置期现金流量

处置期是指营业现金流入终止日至项目资产清理完毕止的期间。有的项目只有几天，有的项目需要几年。处置期时间短的项目，可以用营业现金流入终止日取代处置期。

处置期主要的现金流项目包括如下内容。

（1）处置或出售资产的残值变现价值：由于在会计上记入"固定资产清理"科目，与损益无关，因此计算流量时不涉及所得税。

（2）与资产处置相关的纳税影响＝－（最终资产残值变现收入－清理前税法账面价值）×所得税税率。

（3）经营营运资本的变动：与期初及经营期相关项目金额相等，现金流量正负号相反。

【例题7-1】 某公司正在考虑购买一套新的生产线，估计初始投资为3,000万元，预期每年可产生500万元的税前利润（按税法规定生产线应以5年期直线法折旧，净残值率为10%，会计政策与此相同），用净现值法评价方案可行。假设所得税率33%，资本成本10%，无论何时报废净残值收入均为300万元。

为计算项目的折现回收期，先假设计算期为4年，相关现金流量为：

$NCF_0 = -3,000$（万元）

$NCF_{1\sim4} = 500 \times (1-33\%) + 3,000 \times (1-10\%) \div 5 = 875$（万元）

$NCF_4 = 300 - \{300 - [3,000 - 3,000 \times (1-10\%) \div 5 \times 4]\} \times 33\% = 478.2$（万元）

$NPV = 875 \times 3.170 + 478.2 \times 0.683 - 3,000 = 100.36$（万元）$> 0$

假设计算期为3年：

$NCF_0 = -3,000$（万元）；$NCF_{1\sim3} = 875$（万元）

$NCF_3 = 300 - \{300 - [3,000 - 3,000 \times (1-10\%) \div 5 \times 3]\} \times 33\% = 656.4$（万元）

$NPV = 875 \times 2.487 + 656.4 \times 0.751 - 3,000 = -330.92$（万元）

期数	NPV

$$
\left.\begin{matrix} 3 \\ t \\ 4 \end{matrix}\right\} \qquad \left.\begin{matrix} -330.92 \\ 0 \\ 100.36 \end{matrix}\right\}
$$

所以 $n = 3 + (0 + 330.92)/(100.36 + 330.92) = 3.77$（年）

二、固定资产更新项目现金流量的估计

固定资产更新是对技术上或经济上不宜继续使用的旧资产，用新的资产更换，或用先进的技术对原有设备进行局部改造。固定资产更新是对技术上或经济上不宜继续使用的旧资产，用新的资产更换，或用先进的技术对原有设备进行局部改造。固定资产更新决策主要研究两个问题：一个是决定是否更新，即继续使用旧资产还是更换新资产；另一个是决定选择什么样的资产来更新。实际上，这两个问题是结合在一起考虑的，如果市场上没有比现有设备更适用的设备，那么就继续使用旧设备。由于旧设备总可以通过修理继续使用，所以更新决策是继续使用旧设备与购置新设备的选择。

更新决策不同于一般的投资决策，一般不会增加经营现金流入，现金流量主要是现金流出，即使有少量的残值变价收入，也属于现金流出的抵减，非实质上的现金流入增加。可以分别按照继续使用旧设备和更换新设备两个方案计算各期的现金流量；在未来（尚可）使用年限相同的情况下可采用差额分析法，计算两个方案的差额现金流量（ΔNCF_t）。

与新建项目投资相比，更新改造项目继续使用旧设备的现金流量计算有以下特点。

（1）更新年度（即 0 时点），需要考虑机会成本，包括：①一旧设备变现价值；②旧设备变现净损失减税。机会成本的计算公式与新建项目处置期对应现金流量计算公式类似，只是现金流量的正负号相反。

（2）经营期可能会发生的修理成本，一般视同为付现成本费用。

与新建项目略有不同更新决策方法分以下两种情况。

① 如果新、旧设备未来尚可使用年限相同，使用内含报酬率法 $NPV(IRR)$ 或增量内含报酬率法 $\Delta NPV(\Delta IRR)$。通过比较两个方案的净现值 NPV（或现金流出总现值），选择 NPV 高（或现金流出总现值低）的方案；或者计算更换新设备的 ΔNPV，如果 $\Delta NPV>0$，更换新设备，否则继续使用旧设备。通过比较两个方案的净现值 NPV（或现金流出总现值），选择 NPV 高（或现金流出总现值低）的方案；或者计算更换新设备的 ΔNPV，如果 $\Delta NPV>0$，更换新设备，否则继续使用旧设备。

② 如果新、旧设备未来可使用年限不同，则应使用平均年成本法。固定资产的平均年成本，是指该资产引起的现金流出的年平均值。

a. 考虑货币时间价值，是未来使用年限内现金流出总现值与年金现值系数的比值，即平均每年的现金流出。即假设期数相同的非年金的原方案的 NPV 与普通年金的新方案的 NPV 相等，利用折现现金流量法计算新方案的年金。

b. 不考虑货币时间价值，是未来使用年限内的现金流出总额与使用年限的比值。不考虑时间价值，把每期（含初始期、经营期和处置期）的现金流量合计后计算其每期的算术平均数。即 $\sum NCF_t / n$。实质是在现金流量合计数假设相等的前提下（不考虑货币时间价值），把非年金的现金流量转换成普通年金的现金流量。

平均年成本法是把继续使用旧设备和购置新设备看成是两个互斥的项目，而不是一个更换设备的特定项目；假设前提是将来设备再更换时，可以按原来的平均年成本找到可代替的设备。

【例题 7-2】 某公司正考虑用一台效率更高的新机器取代现有的旧机器。旧机器的账面折余价值为 12 万元，在二手市场上卖掉可以得到 7 万元；预计尚可使用 5 年，预计 5 年后清理的净残值为零；税法规定的折旧年限尚有 5 年，税法规定的残值可以忽略。购买和安装新机器需要 48 万元，预计可以使用 5 年，预计清理净残值为 1.2 万元。新机器属于新型环保设备，按税法规定可分 4 年折旧并采用双倍余额递减法计算应纳税所得额，法定残值为原值的 1/12。由于该机器效率很高，可以节约付现成本每年 14 万元。公司的所得税率 30%。如果该项目在任何一年出现亏损，公司将会得到按亏损额的 30% 计算的所得税额抵免。该公司投资本项目的必要报酬率为 10%。

假设旧设备年付现成本为 14 万元，计算上述机器更新方案的净现值：

A：继续使用旧设备

$NCF_0 = -7 + (7-12) \times 30\% = -8.5$（万元）

$NCF_{1\sim5} = -14 \times (1-30\%) + 12/5 \times 30\% = -9.08$（万元）

B：使用新设备

$NCF_0 = -48$（万元）；$NCF_1 = 48 \times 2/4 \times 30\% = 7.2$（万元）

$NCF_2 = 48 \times (1-2/4) \times 2/4 \times 30\% = 3.6$（万元）

$NCF_{3\sim4} = [48 \times (1-2/4)(1-2/4) - 48 \times 1/12]/2 \times 30\% = 1.2$（万元）

$NCF_5 = 1.2 - (1.2 - 48 \times 1/12) \times 30\% = 0.84 + 1.2 = 2.04$（万元）

$\Delta NPV = (7.2 \times 0.9091 + 3.6 \times 0.8264 + 1.2 \times 0.7513 + 1.2 \times 0.6830 + 2.04 \times 0.6209 - 48) - (-9.08 \times 3.7907 - 8.5) = 7.427912$（万元）

或者：$\Delta NCF_0 = -48 - (-8.5) = -39.5$（万元）；$\Delta NCF_1 = 7.2 - (-9.08) = 16.28$（万元）；$\Delta NCF_2 = 3.6 - (-9.08) = 12.68$（万元）；$\Delta NCF_3 = 1.2 - (-9.08) = 10.28$（万元）；$\Delta NCF_4 = 1.2 - (-9.08) = 10.28$（万元）；$\Delta NCF_5 = 2.04 - (-9.08) = 11.12$（万元）。

$\Delta NPV = (16.28 \times 0.9091 + 12.68 \times 0.8264 + 10.28 \times 0.7513$

$+10.28\times0.6830+11.12\times0.6209-39.5)=7.427912(万元)$

三、承租人租赁相关的现金流量

根据承租人的目的不同，租赁分为经营租赁与融资租赁。按照我国会计准则，承租人和出租人应当在租赁开始日将租赁分为融资租赁和经营租赁。满足下列标准之一的，即应认定为融资租赁：①在租赁期届满时，租赁资产的所有权转移给承租人；②承租人有购买租赁资产的选择权，所订立的购买价款预计将远低于行使选择权时租赁资产的公允价值，因而在租赁开始日就可合理地确定承租人将会行使这种选择权；③租赁期占租赁资产使用寿命的大部分（通常大于或等于75%）；④承租人租赁开始日的最低租赁付款额的现值，几乎相当于（通常大于或等于90%）租赁开始日租赁资产公允价值；⑤租赁资产性质特殊，如果不作较大改造，只有承租人才能使用。除融资租赁以外的租赁为经营租赁。

根据我国税法，以经营租赁方式租入固定资产的租赁费支出，按照租赁期均匀扣除。经营租赁方案相关的各期现金流量为税后租赁费用，等于一年租金×（1－所得税税率）。在进行购买还是无选择权的经营租赁决策时，往往将租赁方案与自行购买方案现金流量（计算思路同前述新建项目现金流量）的净现值之差（或差额现金流量的净现值）作为租赁决策的评价标准。

而税法规定，以融资租赁方式租入固定资产的租赁费支出，按照规定构成租入固定资产价值的部分应当提取折旧费用，分期扣除。构成租入固定资产价值，如果合同约定付款总额的，以租赁合同约定的付款总额和承租人在签订租赁合同过程中发生的相关费用为计税基础；租赁合同未约定付款总额的，以该资产的公允价值和承租人在签订合同过程中发生的相关费用为计税基础。融资租赁方案与自行购买方案处置期现金流量相同，作为决策无关现金流量。在合同约定付款总额情况下，租赁方案的年租金虽然不能直接抵税，但是按其计提的折旧可以抵税，因此经营期各期现金流量为一年租金＋折旧抵税，直线法计提折旧情况下等于一年租金×（1－所得税税率）；而购买方案要考虑初始期的一购买成本、经营期只考虑按照自行购买成本计算折旧抵税额。在合同未约定付款总额情况下，如果公允价值与自行购买成本相同，则两个方案的折旧抵税额由于相同而作为无关现金流量，此时，决策相关现金流量简化为：租赁方案经营期各期一年租金；购买方案初始期一购买成本。根据租赁方案与自行购买方案计算的现金流量的净现值之差（或差额现金流量的净现值）作为租赁决策的评价标准。

在租赁决策时，由于涉及现金流量的风险往往不同，应当使用不同的折现率与现金流量匹配。

四、项目系统风险的处理

计算投资项目的净现值，实质是项目的实体现金流量的现值。根据现金流量与折现率的匹配原则，实体现金流量往往要用加权平均资本成本为折现率。加权平均资本成本的计算公式为：

$$K_w = \sum_{j=1}^{n} K_j W_j$$

式中，K_w 为加权平均资本成本；K_j 为第 j 种个别资本成本；W_j 为第 j 种个别资本占全部资本的比重（权数）。

选择权数时，可选用账面价值权数、市场价值权数、目标资本结构权数来计算。由于资本预算面向未来，应当选用目标资本结构权数。

企业在特定情况下可以直接使用企业当前的资本成本作为项目的资本成本。此时应当具备两个条件：一是项目的风险与企业当前资产的平均风险相同（即新项目是企业的复制品，它们的系统风险相同）；二是公司继续采用相同的资本结构为新项目筹资。

如果投资项目的风险与企业当前资产的平均风险显著不同，应估计项目的系统风险，计算投资人对项目要求的必要报酬率。如果投资项目没有充分的交易市场，没有可靠的市场数据供我们使用，可使用可比公司法。即寻求一个经营业务与待评估项目类似的上市公司，以该上市企业的 β 值作为待评估项目的 β 值。

不考虑所得税的影响，$\beta_{资产} = \beta_{负债} \times (负债/资产) + \beta_{权益} \times (所有者权益/资产)$

由于：$\beta_{负债} = 0$

因此，$\beta_{资产} = \beta_{权益} \times (1/权益乘数) = \beta_{权益} \div (1 + 负债/所有者权益)$

考虑企业所得税的影响，$\beta_{资产} = \beta_{权益} \div [1 + (1 - 所得税税率)(负债/所有者权益)]$

如果可比公司的资本结构与项目所在企业显著不同，在估计项目的 β 值时，应针对资本结构差异作出相应的调整。可比公司法是假定可比公司与投资项目的 $\beta_{资产}$ 相同，通过可比公司的 $\beta_{权益}$ 计算投资项目的 $\beta_{权益}$，进而计算投资项目的加权平均资本成本。

【例题7-3】 甲公司为了评价一新投资项目，需要对其资本成本进行估计。有关资料如下：无风险利率为 4.5%；项目拟按照以 30/70 的资本结构（负债与股东权益，下同）进行筹资，税前债务资本成本预计为 9%；所在行业代表企业是乙、丙公司，乙公司的资本结构为 40/60；$\beta_{权益}$ 为 1.5；丙公司的资本结构为 50/50；$\beta_{权益}$ 为 1.54；权益市场风险溢价为 7%；甲、乙、丙三个公司适用的企业所得税税率均为 25%。

乙公司的 $\beta_{资产} = 1.5/[1 + (1 - 25\%)(40/60)] = 1$

丙公司的 $\beta_{资产} = 1.54/[1 + (1 - 25\%)(50/50)] = 0.88$

以两公司为代表行业平均 $\beta_{资产} = (1 + 0.88)/2 = 0.94$

投资项目的 $\beta_{权益} = 0.94 \times [1 + (1 - 25\%)(3/70)] = 1.24$

投资项目的权益资本成本 $= 4.5\% + 1.24 \times 7\% = 13.18\%$

第八章

长期财务决策专题三：
企业价值评估

　　企业价值评估简称价值估价或企业估值，是财务管理的重要工具之一，具有广泛的用途。企业价值评估的目的是分析和衡量一个企业或一个经营单位的公平市场价值，并提供有关信息以帮助投资人和管理当局改善决策。企业价值评估的对象一般是企业作为一个整体的公平市场价值。本章介绍企业价值评估常用的现金流量折现法与相对价值法。

第一节 现金流量折现法

现金流量模型是企业价值评估使用最广泛、理论上最健全的模型。由于企业可以视同为由若干投资项目组成的项目组合，因此前面章节介绍的运用现金流量折现模型计算投资项目净现值的思路可以用于企业价值评估。然而，相对于投资项目的有限寿命，企业的寿命是无限的；投资项目的现金流量往往比较稳定或具有下降趋势，而企业涉及再投资往往产生增长的现金流量，项目产生的现金流量属于投资的实体，计算的是实体现金流量，而基于不同的视角，企业的现金流量往往有实体现金流量、股权现金流量与债务现金流量之分，这些差异会使得企业价值评估比投资项目评估更复杂。

一、现金流量的种类

企业价值评估涉及的现金流量包括实体现金流量、股权现金流量与债务现金流量。

（1）实体现金流量是指企业实体经营产生的现金流量，是企业经营活动产生全部现金流入扣除成本费用和必要的经营营运资本与净经营长期资产的投资后的剩余部分。反映了企业一定期间可以提供给所有投资人（包括股权投资人和债权投资人）的税后现金流量；可以在税后经营利润的基础上，通过不同的口径分层调整计算营业现金毛流量、营业净现金流量（也称营业流量或经营现金流量），最后计算实体现金流量。

（2）股权现金流量是股东与企业之间的交易形成的现金流。反映了企业一定期间企业可以提供给股权投资人的现金净流量，包括股利分配、股份发行和股份回购等形成的现金流量。它等于企业实体现金流量扣除对债权人支付后剩余的部分。

（3）债务现金流量是债权人与企业之间的交易形成的现金净流量，包括利息的支付、借款的偿还与借入。金融资产可以递减金融负债，因此计算债务相关的现金流量时应该包括金融资产的变动。三种现金流量的关系如图 8-1 所示。

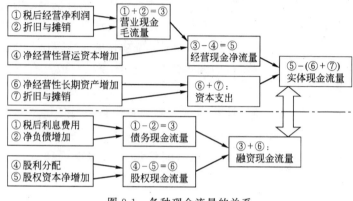

图 8-1　各种现金流量的关系

利用该图，可以推出如下公式。

实体现金流量＝税后经营净利润－（经营营运资本增加＋净经营性长期资产增加）

＝税后经营净利润－净经营资产的增加

体现了管理用现金流量的实体现金流量项目与管理用利润表的税后经营净利润项目、管理资产负债表净经营资产项目的变动额之间的逻辑关系。

二、现金流量的估计

利用现金流量折现模型估算企业价值时涉及时间序列、现金流量和资本成本等参数。

1. 时间序列（即现金流量持续时间、产生现金流量的时间、

预测期的年数）

（1）通常以"年"数来表示。

（2）采用持续经营，假设企业将无限期的持续下去。

（3）按实际增长（销售增长率和投资资本回报率的变动趋势）稳定程度把时间序列分为两阶段（非事先主观确定）：①详细预测期（简称预测期，即 $1\sim n$ 期）：有限、明确的预测期，即增长的不稳定时期。一般 $5\sim7$ 年，很少超过 10 年；特征：增长不稳定（超常增长），要详细预测各期现金流量并计算预测其价值。②后续期（永续期，即 $n+1\sim n+\infty$）：无限期的稳定增长（永续增长，增长率较低，是正常的增长率）一般采用简便方法（采用固定增长股票模型）估计其预测期价值（永续价值或残值）。

（4）稳定状态的标志：①具有稳定的销售增长率：大约等于宏观经济的名义增长率；②具有稳定的投资资本回报率（税后经营净利润/净负债加股东权益）：与资本成本接近。

在稳定状态下，实体现金流量、股权现金流量和销售收入的增长率相同。因为在稳定状态下，经营效率和财务政策不变，即资产税后经营利润率、资本结构和股利分配政策不变，财务报表将按照稳定的增长率在扩大的规模上被复制。影响实体现金流量和股权现金流量的各因素都与销售额同步增长，因此现金流量增长率与销售增长率相同。在稳定状态下，可以根据销售增长率直接估计现金流量的增长率。

2. 各期现金流量的估算

（1）预测基期及其数据的确定

预测基期指作为预测基础的时期，通常是预测工作的上一年度。

基期的各项数据被称为基数，是预测的起点。基期数据不仅包括各项财务数据的金额，还包括它们的增长率以及反映各项财务数据之间联系的财务比率。如果通过历史财务报表分析可知，上年财务数据具有可持续性，则以上年实际数据作为基期数据；如果上年财务数据不具有可持续性，就应适当调整，使之适合未来情况。

（2）各期现金流量的估算

详细预测期，根据预计的销售增长率，采用销售百分比法（是假设经营资产、经营负债和费用与销售收入存在稳定的百分比关系，根据预计销售收入和相应的百分比预计资产、负债，然后确定筹资需求的一种预测财务方法）。预测相关期间的销售收入、经营损益、经营资产、经营负债等项目；根据目标资本结构确定金融负债、金融损益，进而计算出预计利润表的净利润，按照相关股利政策，确定预计资产负债表的留存收益的变动额及其期末余额，形成管理用资产负债表及管理用利润表项目的预测数据，根据图 8-1 的相关思路，形成各层现金流量的预测数据。

在稳定状态下，可以根据销售增长率直接估计后续期的现金流量。

3. 资本成本

资本成本是计算现值使用的折现率。折现率是现金流量风险的函数，风险越大则折现率越大，因此折现率和现金流量要相互匹配。首先，与主体的匹配。股权现金流量用股权资本成本来折现，实体现金流量用企业的加权平均资本成本来折现，债务现金流量用等风险的债务成本来折现；其次，与期间的匹配。不同阶段如果风险不同，应采用不同的折现率进行折现；最后，与风险的匹配。如果现金流量含较高风险，应采用较高的折现率匹配；现金流量是含通货膨胀的名义现金流量，应采用含通货膨胀率的名义折现率折现。

三、企业价值的计算

根据前述各期他现金流量种类和不同期间的估算值，可以计算出实体价值和股权价值等不同类别的企业价值。企业价值的计算思路类似于股票估价中非固定增长股票的价值计算，要注意后续期和详细预测期的区分以及相关现金流量的分布。其基本公式如下。

企业价值＝预测期价值＋后续期价值的现值

后续期价值的估计方法有许多种，最经常使用的是现金流量折现的永续增长模型：

后续期价值＝现金流量 t＋1÷（后续期资本成本－后续期现金流量永续增长率）

股权价值＝实体价值－净债务价值

在实务中大多使用实体现金流量模型。主要原因是股权成本受资本结构的影响较大，估计起来比较复杂。债务增加时，风险上升，股权成本会上升，而上升的幅度不容易测定。加权平均资本成本受资本结构的影响较小，比较容易估计。债务成本较低，增加债务比重使加权平均资本成本下降。与此同时，债务增加使风险增加，股权成本上升，使得加权平均资本成本上升。在无税和交易成本的情况下，两者可以完全抵消，即资本结构无关论。在有税和交易成本的情况下，债务成本的下降也会大部分被股权成本的上升所抵消，平均资本成本对资本结构变化不敏感，估计起来比较容易。估计净债务价值的标准方法是折现现金流量法，最简单的方法是账面价值法。

【例题 8-1】 甲公司是一家火力发电上市企业，2012 年 12 月 31 日的股票价格为每股 5 元。为了对当前股份是否偏离价值进行判断，公司拟对企业整体价值进行评估，有关资料如下：

表 8-1　甲公司 2012 年的主要财务报表数据（单位：万元）

项目	2012 年	项目	2012 年
资产负债表项目(年末)		利润表项目(年度)	
货币资金	750	①销售收入	50,000

项目	2012年	项目	2012年
应收账款	4,000	减:销售成本	40,000
存货	2,250	管理费用	1,000
固定资产	41,250	财务费用(利息费用)	2,892
资产总计	48,250	②营业利润	6,108
应付账款	3,000	加:营业外收入	220
长期借款	36,250	减:营业外支出	100
股本(普通股8,000万股)	8,000	③利润总额	6,228
留存利润	1,000	减:所得税费用	1,557
负债及股东权益总计	48,250	④净利润	4,671

（1）对甲公司2012年度的财务数据进行修正，作为预测基期数据。甲公司货币资金中经营活动所需的货币资金数额为销售收入的1%，应收款项、存货、固定资产均为经营性资产，应付款项均为自发性无息负债。营业外收入和营业外支出均为偶然项目，不具有持续性。

（2）预计甲公司2013年度的售电量将增长2%，2014年及以后年度售电量将稳定在2013年的水平，不再增长。预计未来电价不变。

（3）预计甲公司2013年度的销售成本率可降至75%，2014年及以后年度销售成本率维持75%不变。

（4）管理费用、经营资产、经营负债与销售收入的百分比均可稳定在基期水平。

（5）甲公司目前的负债率较高，计划将资本结构（净负债/净投资资本）逐步调整到65%，资本结构高于65%之前不分配股利，多余现金首先用于归还借款。企业采用剩余股利政策分配股利，未来不打算增发或回购股票。净负债的税前资本成本平均预计为8%，以后年度将保持不变。财务费用按照期初净负债计算。

（6）甲公司适用的企业所得税税率为 25％，加权平均资本成本为 10％。

（7）采用实体现金流量折现模型估计企业价值，债务价值按账面价值估计。

表 8-2　修正后基期及 2013 年度、2014 年度的预计
资产负债表和预计利润表

项目	基期（修正）	2013 年度	2014 年度
资产负债表项目（年末）			
经营营运资本	3 750	3 825.00	3 825.00
净经营性长期资产	41 250	42 075.00	42 075.00
净经营资产总计	45 000	45 900.00	45 900.00
净负债	36 000	30 262.50	29 835.00
股东权益合计	9 000	15 637.50	16 065.00
净负债及股东权益总计	45 000	45 900.00	45 900.00
利润表项目（年度）			
①销售收入	50 000	51 000.00	51 000.00
减:销售成本	40 000	38 250.00	38 250.00
管理费用	1 000	1 020.00	1 020.00
②税前营业利润	9 000	11 730.00	11 730.00
减:经营利润所得税	2 250	2 932.50	2 932.50
③税后经营净利润	6 750	8 797.50	8 797.50
利息费用	2 892	2 880.00	2 421.00
减:利息费用抵税	723	720	605.25
④税后利息费用	2 169	2 160.00	1 815.75
⑤净利润合计	4 581	6 637.50	6 981.75

2013 年甲公司的实体现金流量＝8,797.50－（45,900－45,000）＝7,897.5（万元）

2014 年甲公司的实体现金流量＝8,797.5－（45,000－45,000）＝8,797.5（万元）

甲公司 2012 年 12 月 31 日的实体价值＝（7,897.5＋8,797.5/10％）÷（1＋10％）

＝87,156.82（万元）

每股股权价值＝（87,156.82－36,000）/8,000＝6.39（元）

每股股权价值大于每股市价，股份被低估。

第二节 相对价值法

现金流量折现法在概念上很健全，但是在应用时会碰到较多的技术问题。作为一种相对容易的估价方法，相对价值法（也称价格乘数法或可比交易价值法等）是利用类似企业的市场定价（可比企业价值）来估计目标企业价值的一种方法。通过目标企业与可比企业对比，用可比企业的价值衡量目标企业的价值。如果可比企业的价值被高估了，则目标企业的价值也会被高估。实际上，所得结论是相对于可比企业来说的，以可比企业价值为基准，是一种相对价值，而非目标企业的内在价值。

一、相对价值法的基本原理

相对价值法假设存在一个支配企业市场价值的主要变量（如净利润、净资产、销售收入等）。市场价值与该变量的比值（如市价/净利、市价/净资产、市价/销售收入），目标企业与可比企业是类似的、可以比较的（即相等或修正后相等）。具体做法是：寻找一个影响企业价值的关键变量；确定一组可以比较的类似企业（可比企业），计算可比企业的市价/关键变量的平均值（如平均市盈率、平均市净率、平均收入乘数）；根据目标企业的关键变量（或修正的关键变量）乘以得到的平均值（或修正的平均值），计算目标企业的评估价值。计算公式为：

目标企业价值＝可比企业市价比率的平均值×目标企业关键变量

由于市价比率的不同，相对价值法往往包括三种常见的模型。

1. 市价/净利比率（市盈率）模型

该模型假设：股票市价是每股净利的一定倍数，目标企业与可比企业有类似的市盈率（本期或内在市盈率），目标企业的价值可以用目标企业的每股净利乘以可比企业的平均市盈率估计。根据当前市价和同期净利计算的市盈率，称为本期市盈率，简称市盈率。将本期市盈率除以每股收益，得出的是预期市盈率或内在市盈率。其计算过程如下：

$$可比企业（本期）市盈率＝\frac{股利支付率×（1＋增长率）}{股权成本－增长率}$$

$$可比企业内在市盈率（或预期市盈率）＝\frac{股利支付率}{股权成本－增长率}$$

目标企业每股价值（P_0）＝目标企业每股净利$_0$×可比企业
（本期）平均市盈率

＝目标企业每股净利$_1$×可比企业平均内在市盈率

注意：估价时目标企业本期净利必须要乘以可比本期净利市盈率，目标企业预期净利必须要乘以可比企业预期市盈率，两者必须匹配。这一原则不仅适用于市盈率，也适用于市净率和收入乘数；不仅适用于未修正价格乘数，也适用于后面的各种修正的价格乘数。

市盈率模型的优点是：计算市盈率的数据容易取得，并且计算简单；市盈率把价格和收益联系起来，直观地反映投入和产出的关系；市盈率涵盖了风险补偿率、增长率、股利支付率的影响，具有很高的综合性。局限性包括：如果收益是负值，市盈率就失去了意义；市盈率除了受企业本身基本面的影响以外，还受到整个经济景气程度的影响。在整个经济繁荣时市盈率上升，整个经济衰退时市盈率下降。如果目标企业的 β 值为 1，则评估价值正确反映了对未来的预期。如果企业的 β 值显著大于 1，经济繁荣时评估价值被夸大，经济衰退时评估价值被缩小。如果 β 值明显小于 1，经济繁荣时评估价值偏低，经济衰退时评估价值偏高。如果是一个周期性的企业，则企业价值可能被歪曲。最适合连续盈利，并且 β 值接近于 1 的企业。

市盈率的驱动因素：企业的增长潜力、股利支付率和风险（股权资本成本）。可比企业实际上应当是这三个因素（比率）类似的企业（同业企业不一定都具有这种类似性）。三个因素中，关键是增长潜力。

2. 市价/净资产比率（市净率）模型

假设股权价值是净资产的函数（即股权价值是净资产的一定倍数），目标企业与可比企业有类似的市净率，目标企业的价值可以用目标企业净资产乘以可比企业平均市净率估计。

① 可比企业（本期）市净率

$$= \frac{股东权益收益率_0 \times 股利支付率 \times (1+增长率)}{股权成本 - 增长率}$$

② 可比企业内在（预期）市净率

$$= \frac{股东权益收益率_1 \times 股利支付率}{股权成本 - 增长率}$$

目标企业股权价值（P_0）＝可比企业（本期）市净率×目标企业股权账面价值$_0$

或＝可比企业平均市净率×目标企业净资产$_0$

＝可比企业内在（预期）市净率×目标企业股权账面价值$_1$

（2）驱动因素分析　驱动市净率的因素有：权益净利率、股利支付率、增长率和风险。其中权益净利率是关键因素。不同企业市净率的差别，也是由于这四个比率不同引起的。这四个比率类似的企业，会有类似的市净率。固定资产很少的服务性企业和高科技企业，净资产与企业价值的关系不大，其市净率比较没有什么实际意义；少数企业的净资产是负值，市净率没有意义，无法用于比较。

该模型的优点包括：市净率极少为负值，可用于大多数企业；净资产账面价值的数据容易取得，并且容易理解；净资产账面价值比净利稳定，也不像利润那样经常被人为操纵；如果会计标准合理并且各企业会计政策一致，市净率的变化可以反映企业价值的变化。存在的局限性包括：账面价值受会计政策选择的影响，如果各企业执行不同的会计标准或会计政策，市净率会失去可比性。主要适用于需要拥有大量资产、净资产为正值的企业。

3. 收入乘数（市销率）模型

假设影响企业价值的关键变量是销售收入，企业价值是销售收入的函数（企业价值是销售收入的一定倍数），目标企业与可比企业的收入乘数类似，目标企业的价值可以用目标企业的销售收入乘以可比企业的平均收入乘数估计。

① 可比企业本期收入乘数

$$= \frac{销售净利率_0 \times 股利支付率 \times （1+增长率）}{股权成本-增长率}$$

② 可比企业内在收入乘数

$$= \frac{销售净利率_1 \times 股利支付率}{股权成本-增长率}$$

因此：目标企业股权价值（P_0）＝可比企业平均收入乘数×
目标企业的销售收入
＝可比企业本期收入乘数×
目标企业的每股收入。

$$= 可比企业内在收入乘数 \times$$
$$目标企业的每股收入_1$$

收入乘数的驱动因素是销售净利率、股利支付率、增长率和股权成本。其中，销售净利率是关键因素。这四个比率相同的企业，会有类似的收入乘数。

该模型的优点：收入乘数不会出现负值，对于亏损企业和资不抵债的企业，也可以计算出一个有意义的价值乘数；比较稳定、可靠，不容易被操纵；收入乘数对价格政策和企业战略变化敏感，可以反映这种变化的后果。局限性：不能反映成本的变化，而成本是影响企业现金流量和价值的重要因素之一。主要适用于销售成本率较低的服务类企业，或销售成本率趋同的传统行业企业。

三种模型对比如表 8-3 所示。

表 8-3　各模型相关变量及其驱动因素

层次	市价比率	关键变量（每股指标）	驱动因素	关键（驱动）因素
股东	市净率	每股净资产	权益净利率、股利支付率、增长率和风险	权益净利率
管理层	市盈率	每股净利润	增长潜力（增长率）、股利支付率和风险（股权资本成本）	增长潜力（增长率）
作业层	收入乘数	每股销售收入	销售净利率、增长率、股利支付率和风险	销售净利率

二、相对价值模型的应用

1. 可比企业的选择

根据估计的目标企业市价比率的驱动因素，选择可比企业。应格外重视最重要（关键）的驱动因素。（例如市盈率的驱动因素中增长率最重要，处在生命周期同一阶段的同业企业，大体上有类似的增长率，可以作为判断增长率类似的主要依据。）

通常的做法是选择一组同业的上市企业，计算出它们的平均市价比率（通常采用简单算术平均），作为估计目标企业价值的乘数。如果符合条件的企业较多，可以进一步根据规模的类似性进一步筛选，以提高可比性的质量。

如果估计的目标企业股票价值低于实际股票价格，说明该企业的股票被市场高估了。

2. 修正的市价比率

如果找不到符合条件的可比企业，尤其是要求的可比条件较严格，或者同行业的上市企业很少的时候，经常找不到足够的可比企业。应该采用修正的市价比率（排除关键驱动因素的影响）。把关键驱动因素不同的同业企业纳入可比范围，修正的市价比率原理如下。

（1）修正的可比企业市价比率

＝可比企业实际市价比率/（可比公司关键驱动因素×100）

（2）修正的目标企业市价比率

＝目标企业实际市价比率/（目标公司关键驱动因素×100）

＝（目标企业每股价值/目标关键变量）/（目标公司关键驱动因素×100）

（3）目标企业每股价值

＝修正的目标企业市价比率×（目标公司关键驱动因素×100）×目标关键变量

＝修正的可比企业市价比率×（目标公司关键驱动因素×100）×目标关键变量

在具体计算时，可以先计算修正的平均市价比率，再计算目标企业每股价值；或对每个市价比率计算出对应的目标企业每股价值，在计算目标企业平均每股价值。

【例题 8-2】 C 公司的每股收益是 1 元，其预期增长率是 12％。为了评估该公司股票是否被低估，收集了以下 3 个可比公司的有关数据（表 8-4）。

表 8-4　相关比率数据

可比公司	当前市盈率	预期增长率
D公司	8	5％
E公司	25	10％
F公司	27	18％

（1）修正平均市盈率法

平均市盈率＝(8＋25＋27)÷3＝20

平均预期增长率＝(5％＋10％＋18％)÷3＝11％

可比企业修正的平均市盈率＝20/(11％×100)＝1.82

C 公司修正的平均市盈率＝(C 公司每股价值/1)/(12％×100)

因此，C 公司每股价值＝1.82×(12％×100)×1＝21.84(元)

（2）股价平均法

① D 公司修正的市盈率＝8/(5％×100)＝1.60

C 公司修正的市盈率＝(C 公司每股价值/1)/(12％×100)

根据 D 公司修正的市盈率计算的 C 公司每股价值＝1.60×(12％×100)×1＝19.20(元)

② E 公司修正的市盈率＝25/(10％×100)＝2.5

C 公司修正的市盈率＝(C 公司每股价值/1)/(12％×100)

根据 E 公司修正市盈率计算的 C 公司每股价值＝2.5×(12％×100)×1＝30(元)

③ F 公司修正的市盈率＝27/(18％×100)＝1.5

C 公司修正的市盈率＝(C 公司每股价值/1)/(12％×100)

根据 F 公司修正市盈率计算的 C 公司每股价值＝1.5×(12％×100)×1＝18(元)

平均股价＝(19.2＋30＋18)÷3＝22.4(元)

附　　录

期数	1%	2%	3%	4%	5%	6%	7%	8%	9%	10%
1	1.0100	1.0200	1.0300	1.0400	1.0500	1.0600	1.0700	1.0800	1.0900	1.1000
2	1.0201	1.0404	1.0609	1.0816	1.1025	1.1236	1.1449	1.1664	1.1881	1.2100
3	1.0303	1.0612	1.0927	1.1249	1.1576	1.1910	1.2250	1.2597	1.2950	1.3310
4	1.0406	1.0824	1.1255	1.1699	1.2155	1.2625	1.3108	1.3605	1.4116	1.4641
5	1.0510	1.1041	1.1593	1.2167	1.2763	1.3382	1.4026	1.4693	1.5386	1.6105
6	1.0615	1.1262	1.1941	1.2653	1.3401	1.4185	1.5007	1.5869	1.6771	1.7716
7	1.0721	1.1487	1.2299	1.3159	1.4071	1.5036	1.6058	1.7138	1.8280	1.9487
8	1.0829	1.1717	1.2668	1.3686	1.4775	1.5938	1.7182	1.8509	1.9926	2.1436
9	1.0937	1.1951	1.3048	1.4233	1.5513	1.6895	1.8385	1.9990	2.1719	2.3579
10	1.1046	1.2190	1.3439	1.4802	1.6289	1.7908	1.9672	2.1589	2.3674	2.5937
11	1.1157	1.2434	1.3842	1.5395	1.7103	1.8983	2.1049	2.3316	2.5804	2.8531
12	1.1268	1.2682	1.4258	1.6010	1.7959	2.0122	2.2522	2.5182	2.8127	3.1384
13	1.1381	1.2936	1.4685	1.6651	1.8856	2.1329	2.4098	2.7196	3.0658	3.4523
14	1.1495	1.3195	1.5126	1.7317	1.9799	2.2609	2.5785	2.9372	3.3417	3.7975
15	1.1610	1.3459	1.5580	1.8009	2.0789	2.3966	2.7590	3.1722	3.6425	4.1772
16	1.1726	1.3728	1.6047	1.8730	2.1829	2.5404	2.9522	3.4259	3.9703	4.5950
17	1.1843	1.4002	1.6528	1.9479	2.2920	2.6928	3.1588	3.7000	4.3276	5.0545
18	1.1961	1.4282	1.7024	2.0258	2.4066	2.8543	3.3799	3.9960	4.7171	5.5599
19	1.2081	1.4568	1.7535	2.1068	2.5270	3.0256	3.6165	4.3157	5.1417	6.1159
20	1.2202	1.4859	1.8061	2.1911	2.6533	3.2071	3.8697	4.6610	5.6044	6.7275
21	1.2324	1.5157	1.8603	2.2788	2.7860	3.3996	4.1406	5.0338	6.1088	7.4002
22	1.2447	1.5460	1.9161	2.3699	2.9253	3.6035	4.4304	5.4365	6.6586	8.1403
23	1.2572	1.5769	1.9736	2.4647	3.0715	3.8197	4.7405	5.8715	7.2579	8.9543
24	1.2697	1.6084	2.0328	2.5633	3.2251	4.0489	5.0724	6.3412	7.9111	9.8497
25	1.2824	1.6406	2.0938	2.6658	3.3864	4.2919	5.4274	6.8485	8.6231	10.835
26	1.2953	1.6734	2.1566	2.7725	3.5557	4.5494	5.8074	7.3964	9.3992	11.918
27	1.3082	1.7069	2.2213	2.8834	3.7335	4.8223	6.2139	7.9881	10.245	13.110
28	1.3213	1.7410	2.2879	2.9987	3.9201	5.1117	6.6488	8.6271	11.167	14.421
29	1.3345	1.7758	2.3566	3.1187	4.1161	5.4184	7.1143	9.3173	12.172	15.863
30	1.3478	1.8114	2.4273	3.2434	4.3219	5.7435	7.6123	10.063	13.268	17.449
40	1.4889	2.2080	3.2620	4.8010	7.0400	10.286	14.975	21.725	31.409	45.259
50	1.6446	2.6916	4.3839	7.1067	11.467	18.420	29.457	46.902	74.358	117.39
60	1.8167	3.2810	5.8916	10.520	18.679	32.988	57.946	101.26	176.03	304.48

期数	12%	14%	15%	16%	18%	20%	24%	28%	32%	36%
1	1.1200	1.4000	1.1500	1.1600	1.1800	1.2000	1.2400	1.2800	1.3200	1.3600
2	1.2544	1.2996	1.3225	1.3456	1.3924	1.4400	1.5376	1.6384	1.7424	1.8496
3	1.4049	1.4815	1.5209	1.5609	1.6430	1.7280	1.9066	2.0972	2.3000	2.5155
4	1.5735	1.6890	1.7490	1.8106	1.9388	2.0736	2.3642	2.6844	3.0360	3.4210
5	1.7623	1.9254	2.0114	2.1003	2.2878	2.4883	2.9316	3.4360	4.0075	4.6526
6	1.9738	2.1950	2.3131	2.4364	2.6996	2.9860	3.6352	4.3980	5.2899	6.3275
7	2.2107	2.5023	2.6600	2.8262	3.1855	3.5832	4.5077	5.6295	6.9826	8.6054
8	2.4760	2.8526	3.0590	3.2784	3.7589	4.2998	5.5895	7.2058	9.2170	11.703
9	2.7731	3.2519	3.5179	3.8030	4.4355	5.1598	6.9310	9.2234	12.167	15.917
10	3.1058	3.7072	4.0456	4.4114	5.2338	6.1917	8.5944	11.806	16.060	21.647
11	3.4785	4.2262	4.6524	5.1173	6.1759	7.4301	10.657	15.112	21.199	29.439
12	3.8960	4.8179	5.3503	5.9360	7.2876	8.9161	13.215	19.343	27.983	40.038
13	4.3635	5.4924	6.1528	6.8858	8.5994	10.699	16.386	24.759	36.937	54.451
14	4.8871	6.2613	7.0757	7.9875	10.147	12.839	20.319	31.691	48.757	74.053
15	5.4736	7.1379	8.1371	9.2655	11.974	15.407	25.196	40.565	64.359	100.71
16	6.1304	8.1372	9.3576	10.748	14.129	18.488	31.243	51.923	84.954	136.97
17	6.8660	9.2765	10.761	12.468	16.672	22.186	38.741	66.461	112.14	186.28
18	7.6900	10.575	12.376	14.463	19.673	26.623	48.039	85.071	148.02	253.34
19	8.6128	12.056	14.232	16.777	23.214	31.948	59.568	108.89	195.39	344.54
20	9.6463	13.744	16.367	19.461	27.393	38.338	73.864	139.38	257.92	468.57
21	10.804	15.668	18.822	22.575	32.324	46.005	91.592	178.41	340.45	637.26
22	12.100	17.861	21.645	26.186	38.142	55.206	113.57	228.36	449.39	866.67
23	13.552	20.362	24.892	30.376	45.008	66.247	140.83	292.30	593.20	1178.7
24	15.179	23.212	28.625	35.236	53.109	79.497	174.63	374.14	783.02	1603.0
25	17.000	26.462	32.919	40.874	62.669	95.396	216.54	478.90	1033.6	2180.1
26	19.040	30.167	37.857	47.414	73.949	114.48	268.51	613.00	1364.3	2964.9
27	21.325	34.390	43.535	55.000	87.260	137.37	332.96	784.64	1800.9	4032.3
28	23.884	39.205	50.066	63.800	102.97	164.84	412.86	1004.3	2377.2	5483.9
29	26.750	44.693	57.576	74.009	121.50	197.81	511.95	1285.6	3137.9	7458.1
30	29.960	50.950	66.212	85.850	143.37	237.38	634.82	1645.5	4142.1	10143
40	93.051	188.88	267.86	378.72	750.38	1469.8	5455.9	19427	66521	*
50	289.00	700.23	1083.7	1670.7	3927.4	9100.4	46890	*	*	*
60	897.60	2595.9	4384.0	7370.2	20555	56348	*	*	*	*

期数	1%	2%	3%	4%	5%	6%	7%	8%	9%	10%
1	0.9901	0.9804	0.9709	0.9615	0.9524	0.9434	0.9346	0.9259	0.9174	0.9091
2	0.9803	0.9612	0.9426	0.9246	0.9070	0.8900	0.8734	0.8573	0.8417	0.8264
3	0.9706	0.9423	0.9151	0.8890	0.8638	0.8396	0.8163	0.7938	0.7722	0.7513
4	0.9610	0.9238	0.8885	0.8548	0.8227	0.7921	0.7629	0.7350	0.7084	0.6830
5	0.9515	0.9057	0.8626	0.8219	0.7835	0.7473	0.7130	0.6806	0.6499	0.6209
6	0.9420	0.8880	0.8375	0.7903	0.7462	0.7050	0.6663	0.6302	0.5963	0.5645
7	0.9327	0.8706	0.8131	0.7599	0.7107	0.6651	0.6227	0.5835	0.5470	0.5132
8	0.9235	0.8535	0.7894	0.7307	0.6768	0.6274	0.5820	0.5403	0.5019	0.4665
9	0.9143	0.8368	0.7664	0.7026	0.6446	0.5919	0.5439	0.5002	0.4604	0.4241
10	0.9053	0.8203	0.7441	0.6756	0.6139	0.5584	0.5083	0.4632	0.4224	0.3855
11	0.8963	0.8043	0.7224	0.6496	0.5847	0.5268	0.4751	0.4289	0.3875	0.3505
12	0.8874	0.7885	0.7014	0.6246	0.5568	0.4970	0.4440	0.3971	0.3555	0.3186
13	0.8787	0.7730	0.6810	0.6006	0.5303	0.4688	0.4150	0.3677	0.3262	0.2897
14	0.8700	0.7579	0.6611	0.5775	0.5051	0.4423	0.3878	0.3405	0.2992	0.2633
15	0.8613	0.7430	0.6419	0.5553	0.4810	0.4173	0.3624	0.3152	0.2745	0.2394
16	0.8528	0.7284	0.6232	0.5339	0.4581	0.3936	0.3387	0.2919	0.2519	0.2176
17	0.8444	0.7142	0.6050	0.5134	0.4363	0.3714	0.3166	0.2703	0.2311	0.1978
18	0.8360	0.7002	0.5874	0.4936	0.4155	0.3503	0.2959	0.2502	0.2120	0.1799
19	0.8277	0.6864	0.5703	0.4746	0.3957	0.3305	0.2765	0.2317	0.1945	0.1635
20	0.8195	0.6730	0.5537	0.4564	0.3769	0.3118	0.2584	0.2145	0.1784	0.1486
21	0.8114	0.6598	0.5375	0.4388	0.3589	0.2942	0.2415	0.1987	0.1637	0.1351
22	0.8034	0.6468	0.5219	0.4220	0.3418	0.2775	0.2257	0.1839	0.1502	0.1228
23	0.7954	0.6342	0.5067	0.4057	0.3256	0.2618	0.2109	0.1703	0.1378	0.1117
24	0.7876	0.6217	0.4919	0.3901	0.3101	0.2470	0.1971	0.1577	0.1264	0.1015
25	0.7798	0.6095	0.4776	0.3751	0.2953	0.2330	0.1842	0.1460	0.1160	0.0923
26	0.7720	0.5976	0.4637	0.3607	0.2812	0.2198	0.1722	0.1352	0.1064	0.0839
27	0.7644	0.5859	0.4502	0.3468	0.2678	0.2074	0.1609	0.1252	0.0976	0.0763
28	0.7568	0.5744	0.4371	0.3335	0.2551	0.1956	0.1504	0.1159	0.0895	0.0693
29	0.7493	0.5631	0.4243	0.3207	0.2429	0.1846	0.1406	0.1073	0.0822	0.0630
30	0.7419	0.5521	0.4120	0.3083	0.2314	0.1741	0.1314	0.0994	0.0754	0.0573
35	0.7059	0.5000	0.3554	0.2534	0.1813	0.1301	0.0937	0.0676	0.0490	0.0356
40	0.6717	0.4529	0.3066	0.2083	0.1420	0.0972	0.0668	0.0460	0.0318	0.0221
45	0.6391	0.4102	0.2644	0.1712	0.1113	0.0727	0.0476	0.0313	0.0207	0.0137
50	0.6080	0.3715	0.2281	0.1407	0.0872	0.0543	0.0339	0.0213	0.0134	0.0085
55	0.5785	0.3365	0.1968	0.1157	0.0683	0.0406	0.0242	0.0145	0.0087	0.0053

期数	12%	14%	15%	16%	18%	20%	24%	28%	32%	36%
1	0.8929	0.8772	0.8696	0.8621	0.8475	0.8333	0.8065	0.7813	0.7576	0.7353
2	0.7972	0.7695	0.7561	0.7432	0.7182	0.6944	0.6504	0.6104	0.5739	0.5407
3	0.7118	0.6750	0.6575	0.6407	0.6086	0.5787	0.5245	0.4768	0.4348	0.3975
4	0.6355	0.5921	0.5718	0.5523	0.5158	0.4823	0.4230	0.3725	0.3294	0.2923
5	0.5674	0.5194	0.4972	0.4761	0.4371	0.4019	0.3411	0.2910	0.2495	0.2149
6	0.5066	0.4556	0.4323	0.4104	0.3704	0.3349	0.2751	0.2274	0.1890	0.1580
7	0.4523	0.3996	0.3759	0.3538	0.3139	0.2791	0.2218	0.1776	0.1432	0.1162
8	0.4039	0.3506	0.3269	0.3050	0.2660	0.2326	0.1789	0.1388	0.1085	0.0854
9	0.3606	0.3075	0.2843	0.2630	0.2255	0.1938	0.1443	0.1084	0.0822	0.0628
10	0.3220	0.2697	0.2472	0.2267	0.1911	0.1615	0.1164	0.0847	0.0623	0.0462
11	0.2875	0.2366	0.2149	0.1954	0.1619	0.1346	0.0938	0.0662	0.0472	0.0340
12	0.2567	0.2076	0.1869	0.1685	0.1372	0.1122	0.0757	0.0517	0.0357	0.0250
13	0.2292	0.1821	0.1625	0.1452	0.1163	0.0935	0.0610	0.0404	0.0271	0.0184
14	0.2046	0.1597	0.1413	0.1252	0.0985	0.0779	0.0492	0.0316	0.0205	0.0135
15	0.1827	0.1401	0.1229	0.1079	0.0835	0.0649	0.0397	0.0247	0.0155	0.0099
16	0.1631	0.1229	0.1069	0.0930	0.0708	0.0541	0.0320	0.0193	0.0118	0.0073
17	0.1456	0.1078	0.0929	0.0802	0.0600	0.0451	0.0258	0.0150	0.0089	0.0054
18	0.1300	0.0946	0.0808	0.0691	0.0508	0.0376	0.0208	0.0118	0.0068	0.0039
19	0.1161	0.0829	0.0703	0.0596	0.0431	0.0313	0.0168	0.0092	0.0051	0.0029
20	0.1037	0.0728	0.0611	0.0514	0.0365	0.0261	0.0135	0.0072	0.0039	0.0021
21	0.0926	0.0638	0.0531	0.0443	0.0309	0.0217	0.0109	0.0056	0.0029	0.0016
22	0.0826	0.0560	0.0462	0.0382	0.0262	0.0181	0.0088	0.0044	0.0022	0.0012
23	0.0738	0.0491	0.0402	0.0329	0.0222	0.0151	0.0071	0.0034	0.0017	0.0008
24	0.0659	0.0431	0.0349	0.0284	0.0188	0.0126	0.0057	0.0027	0.0013	0.0006
25	0.0588	0.0378	0.0304	0.0245	0.0160	0.0105	0.0046	0.0021	0.0010	0.0005
26	0.0525	0.0331	0.0264	0.0211	0.0135	0.0087	0.0037	0.0016	0.0007	0.0003
27	0.0469	0.0291	0.0230	0.0182	0.0115	0.0073	0.0030	0.0013	0.0006	0.0002
28	0.0419	0.0255	0.0200	0.0157	0.0097	0.0061	0.0024	0.0010	0.0004	0.0002
29	0.0374	0.0224	0.0174	0.0135	0.0082	0.0051	0.0020	0.0008	0.0003	0.0001
30	0.0334	0.0196	0.0151	0.0116	0.0070	0.0042	0.0016	0.0006	0.0002	0.0001
35	0.0189	0.0102	0.0075	0.0055	0.0030	0.0017	0.0005	0.0002	0.0001	*
40	0.0107	0.0053	0.0037	0.0026	0.0013	0.0007	0.0002	0.0001	*	*
45	0.0061	0.0027	0.0019	0.0013	0.0006	0.0003	0.0001	*	*	*
50	0.0035	0.0014	0.0009	0.0006	0.0003	0.0001	*	*	*	*
55	0.0020	0.0007	0.0005	0.0003	0.0001	*	*	*	*	*

附表三　年金终值系数（F/A，i，n）表

期数	1%	2%	3%	4%	5%	6%	7%	8%	9%	10%
1	1.0000	1.0000	1.0000	1.0000	1.0000	1.0000	1.0000	1.0000	1.0000	1.0000
2	2.0100	2.0200	2.0300	2.0400	2.0500	2.0600	2.0700	2.0800	2.0900	2.1000
3	3.0301	3.0604	3.0909	3.1216	3.1525	3.1836	3.2149	3.2464	3.2781	3.3100
4	4.0604	4.1216	4.1836	4.2465	4.3101	4.3746	4.4399	4.5061	4.5731	4.6410
5	5.1010	5.2040	5.3091	5.4163	5.5256	5.6371	5.7507	5.8666	5.9847	6.1051
6	6.1520	6.3081	6.4684	6.6330	6.8019	6.9753	7.1533	7.3359	7.5233	7.7156
7	7.2135	7.4343	7.6625	7.8983	8.1420	8.3938	8.6540	8.9228	9.2004	9.4872
8	8.2857	8.5830	8.8923	9.2142	9.5491	9.8975	10.260	10.637	11.029	11.436
9	9.3685	9.7546	10.159	10.583	11.027	11.491	11.978	12.488	13.021	13.580
10	10.462	10.950	11.464	12.006	12.578	13.181	13.816	14.487	15.193	15.937
11	11.567	12.169	12.808	13.486	14.207	14.972	15.784	16.646	17.560	18.531
12	12.683	13.412	14.192	15.026	15.917	16.870	17.889	18.977	20.141	21.384
13	13.809	14.680	15.618	16.627	17.713	18.882	20.141	21.495	22.953	24.523
14	14.947	15.974	17.086	18.292	19.599	21.015	22.551	24.215	26.019	27.975
15	16.097	17.293	18.599	20.024	21.579	23.276	25.129	27.152	29.361	31.773
16	17.258	18.639	20.157	21.825	23.658	25.673	27.888	30.324	33.003	35.950
17	18.430	20.012	21.762	23.698	25.840	28.213	30.840	33.750	36.974	40.545
18	19.615	21.412	23.414	25.645	28.132	30.906	33.999	37.450	41.301	45.599
19	20.811	22.841	25.117	27.671	30.539	33.760	37.379	41.446	46.019	51.159
20	22.019	24.297	26.870	29.778	33.066	36.786	40.996	45.762	51.160	57.275
21	23.239	25.783	28.677	31.969	35.719	39.993	44.865	50.423	56.765	64.003
22	24.472	27.299	30.537	34.248	38.505	43.392	49.006	55.457	62.873	71.403
23	25.716	28.845	32.453	36.618	41.431	46.996	53.436	60.893	69.532	79.543
24	26.974	30.422	34.427	39.083	44.502	50.816	58.177	66.765	76.790	88.497
25	28.243	32.030	36.459	41.646	47.727	54.865	63.249	73.106	84.701	98.347
26	29.526	33.671	38.553	44.312	51.114	59.156	68.677	79.954	93.324	109.18
27	30.821	35.344	40.710	47.084	54.669	63.706	74.484	87.351	102.72	121.10
28	32.129	37.051	42.931	49.968	58.403	68.528	80.698	95.339	112.97	134.21
29	33.450	38.792	45.219	52.966	62.323	73.640	87.347	103.97	124.14	148.63
30	34.785	40.568	47.575	56.085	66.439	79.058	94.461	113.28	136.31	164.49
40	48.886	60.402	75.401	95.026	120.80	154.76	199.64	259.06	337.88	442.59
50	64.463	84.579	112.80	152.67	209.35	290.34	406.53	573.77	815.08	1163.9
60	81.670	114.05	163.05	237.99	353.58	533.13	813.52	1253.2	1944.8	3034.8

期数	12%	14%	15%	16%	18%	20%	24%	28%	32%	36%
1	1.0000	1.0000	1.0000	1.0000	1.0000	1.0000	1.0000	1.0000	1.0000	1.0000
2	2.1200	2.1400	2.1500	2.1600	2.1800	2.2000	2.2400	2.2800	2.3200	2.3600
3	3.3744	3.4396	3.4725	3.5056	3.5724	3.6400	3.7776	3.9184	4.0624	4.2096
4	4.7793	4.9211	4.9934	5.0665	5.2154	5.3680	5.6842	6.0156	6.3624	6.7251
5	6.3528	6.6101	6.7424	6.8771	7.1542	7.4416	8.0484	8.6999	9.3983	10.146
6	8.1152	8.5355	8.7537	8.9775	9.4420	9.9299	10.980	12.136	13.406	14.799
7	10.089	10.731	11.067	11.414	12.142	12.916	14.615	16.534	18.696	21.126
8	12.300	13.233	13.727	14.240	15.327	16.499	19.123	22.163	25.678	29.732
9	14.776	16.085	16.786	17.519	19.086	20.799	24.713	29.369	34.895	41.435
10	17.549	19.337	20.304	21.322	23.521	25.959	31.643	38.593	47.062	57.352
11	20.655	23.045	24.349	25.733	28.755	32.150	40.238	50.399	63.122	78.998
12	24.133	27.271	29.002	30.850	34.931	39.581	50.895	65.510	84.320	108.44
13	28.029	32.089	34.352	36.786	42.219	48.497	64.110	84.853	112.30	148.48
14	32.393	37.581	40.505	43.672	50.818	59.196	80.496	109.61	149.21	202.93
15	37.280	43.842	47.580	51.660	60.965	72.035	100.82	141.30	198.00	276.98
16	42.753	50.980	55.718	60.925	72.939	87.442	126.01	181.87	262.36	377.69
17	48.884	59.118	65.075	71.673	87.068	105.93	157.25	233.79	347.31	514.66
18	55.750	68.394	75.836	84.141	103.74	128.12	195.99	300.25	459.45	700.94
19	63.440	78.969	88.212	98.603	123.41	154.74	244.03	385.32	607.47	954.28
20	72.052	91.025	102.44	115.38	146.63	186.69	303.60	494.21	802.86	1298.8
21	81.699	104.77	118.81	134.84	174.02	225.03	377.46	633.59	1060.8	1767.4
22	92.503	120.44	137.63	157.42	206.34	271.03	469.06	812.00	1401.2	2404.7
23	104.60	138.30	159.28	183.60	244.49	326.24	582.63	1040.4	1850.6	3271.3
24	118.16	158.66	184.17	213.98	289.49	392.48	723.46	1332.7	2443.8	4450.0
25	133.33	181.87	212.79	249.21	342.60	471.98	898.09	1706.8	3226.8	6053.0
26	150.33	208.33	245.71	290.09	405.27	567.38	1114.6	2185.7	4260.4	8233.1
27	169.37	238.50	283.57	337.50	479.22	681.85	1383.1	2798.7	5624.8	11198
28	190.70	272.89	327.10	392.50	566.48	819.22	1716.1	3583.3	7425.7	15230
29	214.58	312.09	377.17	456.30	669.45	984.07	2129.0	4587.7	9802.9	20714
30	241.33	356.79	434.75	530.31	790.95	1181.9	2640.9	5873.2	12941	28172
40	767.09	1342.0	1779.1	2360.8	4163.2	7343.9	22729	69377	207874	609890
50	2400.0	4994.5	7217.7	10436	21813	45497	195373	819103	*	*
60	7471.6	18535	29220	46058	114190	281733	*	*	*	*

附表四 年金现值系数（P/A，i，n）表

期数	1%	2%	3%	4%	5%	6%	7%	8%	9%	10%
1	0.9901	0.9804	0.9709	0.9615	0.9524	0.9434	0.9346	0.9259	0.9174	0.9091
2	1.9704	1.9416	1.9135	1.8861	1.8594	1.8334	1.8080	1.7833	1.7591	1.7355
3	2.9410	2.8839	2.8286	2.7751	2.7232	2.6730	2.6243	2.5771	2.5313	2.4869
4	3.9020	3.8077	3.7171	3.6299	3.5460	3.4651	3.3872	3.3121	3.2397	3.1699
5	4.8534	4.7135	4.5797	4.4518	4.3295	4.2124	4.1002	3.9927	3.8897	3.7908
6	5.7955	5.6014	5.4172	5.2421	5.0757	4.9173	4.7665	4.6229	4.4859	4.3553
7	6.7282	6.4720	6.2303	6.0021	5.7864	5.5824	5.3893	5.2064	5.0330	4.8684
8	7.6517	7.3255	7.0197	6.7327	6.4632	6.2098	5.9713	5.7466	5.5348	5.3349
9	8.5660	8.1622	7.7861	7.4353	7.1078	6.8017	6.5152	6.2469	5.9952	5.7590
10	9.4713	8.9826	8.5302	8.1109	7.7217	7.3601	7.0236	6.7101	6.4177	6.1446
11	10.3676	9.7868	9.2526	8.7605	8.3064	7.8869	7.4987	7.1390	6.8052	6.4951
12	11.2551	10.5753	9.9540	9.3851	8.8633	8.3838	7.9427	7.5361	7.1607	6.8137
13	12.1337	11.3484	10.6350	9.9856	9.3936	8.8527	8.3577	7.9038	7.4869	7.1034
14	13.0037	12.1062	11.2961	10.5631	9.8986	9.2950	8.7455	8.2442	7.7862	7.3667
15	13.8651	12.8493	11.9379	11.1184	10.3797	9.7122	9.1079	8.5595	8.0607	7.6061
16	14.7179	13.5777	12.5611	11.6523	10.8378	10.1059	9.4466	8.8514	8.3126	7.8237
17	15.5623	14.2919	13.1661	12.1657	11.2741	10.4773	9.7632	9.1216	8.5436	8.0216
18	16.3983	14.9920	13.7535	12.6593	11.6896	10.8276	10.0591	9.3719	8.7556	8.2014
19	17.2260	15.6785	14.3238	13.1339	12.0853	11.1581	10.3356	9.6036	8.9501	8.3649
20	18.0456	16.3514	14.8775	13.5903	12.4622	11.4699	10.5940	9.8181	9.1285	8.5136
21	18.8570	17.0112	15.4150	14.0292	12.8212	11.7641	10.8355	10.0168	9.2922	8.6487
22	19.6604	17.6580	15.9369	14.4511	13.1630	12.0416	11.0612	10.2007	9.4424	8.7715
23	20.4558	18.2922	16.4436	14.8568	13.4886	12.3034	11.2722	10.3711	9.5802	8.8832
24	21.2434	18.9139	16.9355	15.2470	13.7986	12.5504	11.4693	10.5288	9.7066	8.9847
25	22.0232	19.5235	17.4131	15.6221	14.0939	12.7834	11.6536	10.6748	9.8226	9.0770
26	22.7952	20.1210	17.8768	15.9828	14.3752	13.0032	11.8258	10.8100	9.9290	9.1609
27	23.5596	20.7069	18.3270	16.3296	14.6430	13.2105	11.9867	10.9352	10.0266	9.2372
28	24.3164	21.2813	18.7641	16.6631	14.8981	13.4062	12.1371	11.0511	10.1161	9.3066
29	25.0658	21.8444	19.1885	16.9837	15.1411	13.5907	12.2777	11.1584	10.1983	9.3696
30	25.8077	22.3965	19.6004	17.2920	15.3725	13.7648	12.4090	11.2578	10.2737	9.4269
35	29.4086	24.9986	21.4872	18.6646	16.3742	14.4982	12.9477	11.6546	10.5668	9.6442
40	32.8347	27.3555	23.1148	19.7928	17.1591	15.0463	13.3317	11.9246	10.7574	9.7791
45	36.0945	29.4902	24.5187	20.7200	17.7741	15.4558	13.6055	12.1084	10.8812	9.8628
50	39.1961	31.4236	25.7298	21.4822	18.2559	15.7619	13.8007	12.2335	10.9617	9.9148
55	42.1472	33.1748	26.7744	22.1086	18.6335	15.9905	13.9399	12.3186	11.0140	9.9471

期数	12%	14%	15%	16%	18%	20%	24%	28%	32%	36%
1	0.8929	0.8772	0.8696	0.8621	0.8475	0.8333	0.8065	0.7813	0.7576	0.7353
2	1.6901	1.6467	1.6257	1.6052	1.5656	1.5278	1.4568	1.3916	1.3315	1.2760
3	2.4018	2.3216	2.2832	2.2459	2.1743	2.1065	1.9813	1.8684	1.7663	1.6735
4	3.0373	2.9137	2.8550	2.7982	2.6901	2.5887	2.4043	2.2410	2.0957	1.9658
5	3.6048	3.4331	3.3522	3.2743	3.1272	2.9906	2.7454	2.5320	2.3452	2.1807
6	4.1114	3.8887	3.7845	3.6847	3.4976	3.3255	3.0205	2.7594	2.5342	2.3388
7	4.5638	4.2883	4.1604	4.0386	3.8115	3.6046	3.2423	2.9370	2.6775	2.4550
8	4.9676	4.6389	4.4873	4.3436	4.0776	3.8372	3.4212	3.0758	2.7860	2.5404
9	5.3282	4.9464	4.7716	4.6065	4.3030	4.0310	3.5655	3.1842	2.8681	2.6033
10	5.6502	5.2161	5.0188	4.8332	4.4941	4.1925	3.6819	3.2689	2.9304	2.6495
11	5.9377	5.4527	5.2337	5.0286	4.6560	4.3271	3.7757	3.3351	2.9776	2.6834
12	6.1944	5.6603	5.4206	5.1971	4.7932	4.4392	3.8514	3.3868	3.0133	2.7084
13	6.4235	5.8424	5.5831	5.3423	4.9095	4.5327	3.9124	3.4272	3.0404	2.7268
14	6.6282	6.0021	5.7245	5.4675	5.0081	4.6106	3.9616	3.4587	3.0609	2.7403
15	6.8109	6.1422	5.8474	5.5755	5.0916	4.6755	4.0013	3.4834	3.0764	2.7502
16	6.9740	6.2651	5.9542	5.6685	5.1624	4.7296	4.0333	3.5026	3.0882	2.7575
17	7.1196	6.3729	6.0472	5.7487	5.2223	4.7746	4.0591	3.5177	3.0971	2.7629
18	7.2497	6.4674	6.1280	5.8178	5.2732	4.8122	4.0799	3.5294	3.1039	2.7668
19	7.3658	6.5504	6.1982	5.8775	5.3162	4.8435	4.0967	3.5386	3.1090	2.7697
20	7.4694	6.6231	6.2593	5.9288	5.3527	4.8696	4.1103	3.5458	3.1129	2.7718
21	7.5620	6.6870	6.3125	5.9731	5.3837	4.8913	4.1212	3.5514	3.1158	2.7734
22	7.6446	6.7429	6.3587	6.0113	5.4099	4.9094	4.1300	3.5558	3.1180	2.7746
23	7.7184	6.7921	6.3988	6.0442	5.4321	4.9245	4.1371	3.5592	3.1197	2.7754
24	7.7843	6.8351	6.4338	6.0726	5.4509	4.9371	4.1428	3.5619	3.1210	2.7760
25	7.8431	6.8729	6.4641	6.0971	5.4669	4.9476	4.1474	3.5640	3.1220	2.7765
26	7.8957	6.9061	6.4906	6.1182	5.4804	4.9563	4.1511	3.5656	3.1227	2.7768
27	7.9426	6.9352	6.5135	6.1364	5.4919	4.9636	4.1542	3.5669	3.1233	2.7771
28	7.9844	6.9607	6.5335	6.1520	5.5016	4.9697	4.1566	3.5679	3.1237	2.7773
29	8.0218	6.9830	6.5509	6.1656	5.5098	4.9747	4.1585	3.5687	3.1240	2.7774
30	8.0552	7.0027	6.5660	6.1772	5.5168	4.9789	4.1601	3.5693	3.1242	2.7775
35	8.1755	7.0700	6.6166	6.2153	5.5386	4.9915	4.1644	3.5708	3.1248	2.7777
40	8.2438	7.1050	6.6418	6.2335	5.5482	4.9966	4.1659	3.5712	3.1250	2.7778
45	8.2825	7.1232	6.6543	6.2421	5.5523	4.9986	4.1664	3.5714	3.1250	2.7778
50	8.3045	7.1327	6.6605	6.2463	5.5541	4.9995	4.1666	3.5714	3.1250	2.7778
55	8.3170	7.1376	6.6636	6.2482	5.5549	4.9998	4.1666	3.5714	3.1250	2.7778

参 考 文 献

［1］ 中国注册会计师协会. 财务成本管理. 北京：中国财政经济出版社，2004.

［2］ 刘力. 公司财务. 北京：北京大学出版社，2007.

［3］ 财政部会计评价中心. 财务管理. 北京：中国财政经济出版社，2004.

［4］ 杨文士，焦淑斌，张雁等. 管理学. 第 2 版. 北京：中国人民大学出版社，2009.

［5］ 贺拯，金燕华. 财务成本管理. 北京：经济科学出版社，2007.

［6］ 金燕华，叶显明. 息税前利润基础的短期财务决策. 财务与会计. 2008（3）.

［7］ 金燕华. 财务管理收付实现制基础的现金流量问题探析. 财务与会计. 2004（9）.

［8］ 金燕华. 风险价值及其在财务管理中应用的探讨与理解. 财务与会计. 2004（7）.

［9］ 金燕华. 关于现金流量表几个问题的新理解. 财务与会计. 2003（4）.

［10］ 金燕华. 两权分离情况下不同利益阶层的财务视角. 财务与会计. 2008（3）.